第三帝国

巴巴罗萨

美国时代生活编辑部 / 编

孙 逊 / 译

修订本

海南出版社

· 海口 ·

目 录

致读者

首先应当承认，本书的策划并非出自我本人的想法。

事实上，当一小批时代生活图书公司的编辑和作者开始极力主张推出这样一个系列的时候，我的第一反应是："有关第三帝国的话题难道还能有什么新意吗？"

可是，当前往柏林、华盛顿和莫斯科的采访人员逐步发回他们的稿件——私人珍藏的回忆录和相册堆满了我的办公桌——目击者的记录和官方秘藏的文件被一一发掘出来之后，我觉得我的疑问已经找到了最好的答案。

我们正在接近一项重大的成果：对纳粹统治下的德国的一个全新的认识——从第三帝国的内部来解剖它。

本系列共有21本。每一本都向您展示了第一手的私人记录、从未发表过的照片、亲历者的回忆录和新解密的官方档案。它们恰如一幅徐徐展开的巨型画卷，将您带回那腥风血雨的黑暗时代，让您仿佛置身于喧嚣狂热的柏林、遍地瓦砾的华沙、燃烧的斯大林格勒、沙尘滚滚的北非，恍如走进了令人不寒而栗的集中营、党卫队的秘密会议室、希特勒的办公室、他的书房和卧室，甚至把握到他的思想动态。每一本都有一个中心主题，整个系列连起来则构成了迄今为止最完整、最细致的"第三帝国史"。

这就是我们所做的工作，让真实的历史说话。

时代生活编辑部主编乔·沃尔

1941 年夏．德国坦克部队从战争初期被击毁的苏联坦克旁经过。

进入一处
无边无际的土地

　　"每次战役的开始，"阿道夫·希特勒在入侵苏联重大战役开始之前对一个助手吐露心声，"犹如一个人推开一扇门进入一间伸手不见五指的黑屋。这个人根本不知道什么东西藏在里面。"的确，6月22日，充满信心穿越苏联边界线的德国陆军发现他们进入一个辽阔得令人目瞪口呆的敌国土地，北部广阔的森林同原始丛林一样难以通过。比德国还大的沼泽地阻挡了其陆军的进攻。南方，乌克兰波浪起伏的平原连绵不绝，一望无际。无边无际的苏联似乎能够将德军全部

吞下去。"那里的土地没有边际，"一名叫阿尔伯瑞奇特·施姆普夫的士兵回忆道，"我们看不到尽头。"

防守者的潜能也是用之不尽的。尽管在前两个星期死伤了50万人，但苏军继续从一个显然是无穷无尽的预备队里源源不断地出现。一名德军上校形容德国陆军是一头攻击蚂蚁的大象："大象将杀死上千只蚂蚁，也许上百万只，但是最终，蚂蚁的数量会征服大象，大象将被吃得只剩骨头。"

气候也同入侵者作对。绵绵秋雨把简陋的公路变成深深的腐土，像胶水一样黏住轮式车辆并把德国步兵脚上的靴子吸住。接着气温下降，下了第一场雪。"冬季将军"——士兵们都这样称呼——到来主宰战场。德军的战争机器被冻住了。莫斯科就在视野范围内，但德国陆军停止了前进，在苏联度过冬天的噩梦开始了。

德军步兵坐在充气筏里渡过苏联西部天险普立伯特沼泽里的一条河流。

通往明斯克的公路上，德军反坦克炮手与苏军展开激战，浓烟从一辆被击中的装甲车上滚滚冒出。

一名德军摩托车手注视着哈尔科夫广阔的红场，这座城市于 1941 年 10 月 24 日落入德军手里。

一个纵队的战俘穿过一个白雪覆盖的苏联村庄向德军后方拘留营走去。

乘坐征用的农用马车的德国士兵们艰难地通过一条摩托车根本无法行进的泥泞小道。

1. "整个世界将会屏息凝神"

尽管是一年中最短的一夜,但是对聚集在苏联边界的德国部队来说,等待 1942 年 6 月 22 日星期天黎明的到来似乎显得遥不可及。前一天晚上,阿道夫·希特勒在布置任务的命令中第一次称这些士兵为"东线战士"。他们即将入侵世界上最大的国家。沿着波罗的海和黑海之间蜿蜒曲折的 1350 英里边界线,他们满怀期待地隐蔽在树林、麦田和草地里。很快,东方的天空露出第一线曙光时,重炮的火光和轰鸣宣布"巴巴罗萨行动"开始,希特勒投下巨大的赌注,欲征服这片甚至不把拿破仑·波拿巴放在眼里的国土。

"整个世界将会屏息凝神",希特勒毫不夸张地说。以前从来没有一个国家组织如此大规模的部队发动一次军事行动。300 多万人部署在苏联的西部边境;他们拥有 3000 辆坦克、60 万辆车、7000 门大炮、2770 架飞机和 62.5 万匹马。这就是强大的德国军队,在不到两年的时间席卷波兰、挪威、丹麦、荷兰、比利时、卢森堡、法国、南斯拉夫和希腊,取得了辉煌的胜利。

但是,这次最新行动的重要性超出了以往。苏联占有全球陆地面积的六分之一多,有大约两亿人口——是德国人口的两倍——而且气候和地形条件与德国相差悬

1941 年夏季的一天,一纵队德国步兵沿着苏联一条公路艰难前进。灰尘和炎热很快变成泥泞和寒冷。"苏联的气候,"一名德国将军抱怨道,"是一系列的天然灾难。"

殊。因此，希特勒和最高统帅部的绝大多数人预期这是一次短期行动。他们认为"巴巴罗萨行动"将持续不会超过十个星期。他们对夏天能迅速取得胜利信心十足，以致只给三分之一的入侵部队提供了冬装。

士兵们受他们一系列胜利的鼓舞，有充足的理由分享他们领袖的自信。现代军事史上最大和最血腥的战争开始前，时间一分一秒地流逝，没有睡觉的士兵们成群地用从法国运来的特别定量配给的白兰地和香槟葡萄酒预祝这次新战争的成功。士兵们没有考虑过 129 年前发生的事情，几乎在同一天，拿破仑注定失败的军团越过涅曼河向莫斯科挺进。

希特勒入侵苏联的决定直接来源于国家社会主义理论的三个主要部分：种族、空间和反共产主义。希特勒和他的党毫不隐瞒对斯拉夫人的蔑视。他把他们同犹太人一起称为劣等民族，把布尔什维克主义等同于犹太复国主义。他说，斯拉夫人是"害虫"和"劣等民族"，必须为雅利安统治民族服务。但是，种族和意识形态只是希特勒哲学的一部分。从纳粹主义最早时期开始，希特勒一直关注东方，欲为德国人民寻找"生存空间"。"今天如果我们说起欧洲的新土地，我们最先想到的只有苏联和她周边的属国，"他在《我的奋斗》里写道，"命运本身在这里似乎急于给予我们一种暗示。"

希特勒对于东方的命运观贯穿了他的整个战争战略。1939 年 9 月 1 日入侵波兰，这是他向东扩张的第一名苏联战俘的面孔，被标上劣等民族，出现在一本党卫队小册子的封面上，旨在使德军士兵们相信他们的敌人是劣等民族。一本纳粹小册子宣称："苏联人愚蠢，被蒙上了眼睛，被无产阶级化并且被转变为机器。"

一个重要步骤。为了确保胜利，他已经同苏联签订了一个《互不侵犯条约》，苏联被给予特权在德国占领西部波兰后吞并东部波兰和波罗的海国家。这种东线的和平保证达到了希特勒的目的，德国军队入侵斯堪的纳维亚半岛、低地国家和法国时，德国后方安全得到了保障。一旦他的西翼安全了，那时他的计划将会再次转向东方。同苏联的协定"只意味着拖延时间，"希特勒私下里对他的核心圈成员说，"我们将摧毁苏联。"

1940 年 7 月 21 日，占领法国还不到一个月，希特勒命令他的军队首领们准备入侵苏联，进攻不能晚于下一个春季。他为进攻苏联提出了两个理由：一是苏联有首先发动进攻德国的战争的危险。当德国军队都在西欧作战时，苏联表现得富有侵略性。1940 年 6 月期间，它占领了爱沙尼亚、拉脱维亚和立陶宛三个波罗的海国家，并占领了罗马尼亚东部省份比萨拉比亚，在《互不侵犯条约》中希特勒承认这些都属于苏联的势力范围。当时贪婪的苏联人夺取了更多的地方，占领了按照条约规定属于德国的西拉脱维亚狭长地带，并进入罗马尼亚的北布科维纳省，这个地区根据协定没有纳入苏联的势力范围。苏联人还进攻芬兰，芬兰是第三帝国的盟友以及镍的主要来源国。

希特勒说出的另一个入侵苏联的理由同大不列颠有关。英国人已经被驱逐出欧洲大陆，但是还没有被征服，尽管德国空军已经计划 8 月大规模空袭这个岛国，而且希特勒准备进行最终入侵英国的计划——"海狮行动"。希特勒认为英国人寄希望于苏联的干涉，所以正坚持抵抗。"苏联，"他说，"是英国在欧洲大陆的利剑。"一旦苏联被打败，这位德国领袖认为英国也会屈服。

事实上，这是一战中两线作战的翻版——同时与苏联和英国作战——这导致了德国最高统帅部里一大批持不同意见者站出来反对入侵苏联。他们的意见没能动摇希特勒。元首不可更改地决定，"只要天气条件允许就要解决苏联问题"。

制订进攻苏联的计划，由于冒险范围扩大而造成了不可避免的困难，而且这个计划被德国军方重复的指挥系统搞得更加复杂。1938 年，希特勒解除了他的主要将领的职务并接任武装部队总司令，他成立了自己的军事参谋机构，就是 OKW——德国最高统帅部。它立刻与陆军总司令部展开了竞争。

1940 年下半年，两个参谋机构都制订了进攻苏联的计划。两个计划的确有许多相同之处，两个计划都要求实施同闪电战一样的快速装甲部队打击，闪电战在进

　　1940年一次访问柏林中，苏联外交部长维亚契斯拉夫·莫洛托夫（最左边）通过一名翻译同纳粹内务部长威廉·弗立克讨论。同时，在右边，德国外交部长冯·里宾特洛甫和党卫队首领海因里希·希姆莱在享受雪茄烟。这次会议没能缓解苏联和第三帝国之间的紧张关系。

攻波兰和法国的战役中被证明是成功的。这些打击目的在于趁苏联军队尚未撤退到相对安全的内地之前，包围苏联军队的大部分部队。

德国人也计划只占领苏联的西部。最终，德军将越过边界向前推进大约 1200 英里就停止战斗，这条战线将从白海的阿尔汉格尔向南直到里海的阿斯特拉罕。越过这条目标线就是宽广无际的亚洲，德国人视亚洲为一块荒芜的废土，不值得去占领。

两个参谋机构——德国最高统帅部和陆军总司令部——在此次入侵的战略目标问题上尖锐对立。这些分歧转化为希特勒同陆军总司令部参谋总长弗朗茨·哈尔德将军个人之间的争执。希特勒倾向于德国最高统帅部参谋提出的三叉进攻模式：一个南部集群经过乌克兰打到基辅并向前推进；一个中央集群直插苏联的加盟共和国白俄罗斯，白俄罗斯位于通往莫斯科的战略要道上。

希特勒，基于众多原因，被两个侧翼进攻的计划所吸引。北部的进攻将能确保波罗的海重要港口的安全并攻取列宁格勒，该市是一个重要的经济中心，希特勒非常憎恨列宁格勒，把它视为布尔什维克主义的哲学思想发源地。南部的进攻将会导致占领苏联的"面包篮子"乌克兰，并越过乌克兰占领煤产丰富的工业基地顿涅茨克盆地。当然，两翼的顺利进攻也能为攻打苏联首都提供保护。

占领莫斯科本身,希特勒告诉他的将军们:"并不十分重要。"总之,他指出,1812 年拿破仑在莫斯科失败:"只有完全僵化的脑子,装满了过去几百年的思想,"希特勒说,"才会认为占领首都是很有意义的。"

尽管希特勒把莫斯科摆在次重要的地位,但是哈尔德将军支持的战略却将莫斯科放在核心地位。56 岁的哈尔德是一位继承了普鲁士传统的总参谋长,他用狡猾而冰冷的逻辑推理捍卫陆军的特权,即使这意味着同元首发生争执。表情严肃、举止专业化——希特勒曾经称他为一个"老万事通"——他提出了至少三种入侵可能性供研究。从这些研究中,他得出结论,莫斯科必须是德国侵略苏联的首要目标。

哈尔德和他的上级——陆军总司令瓦尔特·冯·布劳希奇陆军元帅都认为占领莫斯科将不仅使苏联失去政府所在地,而且使苏联失去一个主要的军火中心和通信中心。按照他们的观点,仅仅失去首都的威胁就会迫使红军集中兵力保卫莫斯科,这就给入侵者一个良机去包围和歼灭他们。

希特勒的最高机密 21 号命令成为入侵的最后计划。这位最高统帅为这次行动取了一个具有历史意义的名字,代替了以前莫名其妙的行动——"奥托"和"弗立茨"。他称这一次行动为"巴巴罗萨"——12 世纪德国皇帝腓特烈一世的绰号,他在同斯拉夫人的战争中取得胜利,并死于一次攻打圣地的十字军东征。

巴巴罗萨命令要求三个集团军群向列宁格勒、莫斯科和基辅进攻（地图，见第 33 页）。但是，莫斯科仍是次重要目标。就在中央集团军群抵达斯摩棱斯克东部地区时，即从边境到莫斯科距离的约三分之二处，中央集团军群将装甲部队转向北部协助清除波罗的海地区以及开向南部帮助确保乌克兰地区的胜利。命令中有这样一段话："只有在完成这个第一重要的任务后，必须包括占领列宁格勒和喀琅施塔得，旨在占领莫斯科的进攻才能继续。"希特勒心里是这么决定的，但是哈尔德却并不这么认为。他和希特勒之间的分歧——以及他们陆军总司令部和德国最高统帅部参谋之间——引发了又一次关于战略目标的争论，这对德国军队产生了决定性的影响。

早在巴巴罗萨命令的起草阶段，陆军总司令部弗雷德里希·冯·保卢斯少将进行了地图演习和其他战争演习，发现这个野心勃勃的计划有许多潜在的问题。德国军队习惯于在中欧和西欧这些相对有限的区域作战。在苏联，他们将不得不进行大范围作战。入侵战争进行时，德国在苏联的战线不得不像漏斗一样从德苏西部边界扩展到宽达 2000 多英里。保卢斯的研究显示，入侵战争开始后，300 多万人的军队将很快散布得异常单薄。

对待一个领土如此辽阔的国家，陆军必须制定与以往不同的闪电战术。装甲先头部队会迅速超越步兵，中间留下宽广而脆弱的空间。当先头部队更进一步深入腹地时，后勤补给将变得非常关键。苏联没有什么坚固的公路：这个国家欧洲部分的公路只有百分之三是铺筑的。仅有的几条东西铁路绝大部分只有单行线并且都是德国和中欧火车不能使用的宽轨铁路。

两旁是陆军总司令瓦尔特·冯·布劳希奇（左）和参谋总长弗朗茨·哈尔德，希特勒正在制订入侵苏联的计划。这两位将军想集中他们的兵力攻打莫斯科，但是希特勒否决了他们的意见。

德国计划成功的先决条件是，德国在作战人员素质、装备、指挥艺术和战术上相对苏联存在一个决定性的优势。单就士兵人数来说，双方基本一样。德国军队动员了330万士兵——大约是德国380万全部兵力的87%；红军大约有340万地面部队。德国人知道敌人拥有庞大的战争机器。德国情报机构显示，苏联可以集中12000

架飞机和 22700 辆坦克对抗德军部署在苏联的 2770 架飞机和 3300 辆坦克。但是苏联这些战争机器绝大部分非常陈旧，在现代战争中毫无用处。大部分飞机缺乏无线电设备，飞行员不得不靠摇动机翼来传送信号。而且，红军仍保留着十多个骑兵师。

德国人也知道苏联缺乏有经验的军事指挥官。斯大林开始于 1937 年的政治清洗摧毁了军官团体。据估计有 30000 名陆军和海军军官被处决，包括 90% 的将军和 80% 的校级军官。其所造成的惨痛后果在 1939 年苏联入侵芬兰的作战中暴露无遗，当时 100 多万苏联人在愚蠢的指挥下被要求征服为数不到 20 万人的芬兰军队。芬兰总司令把苏联的表现比喻为一个演出极差的管弦乐队，乐队演奏者们无法协调同步。

苏联这些显而易见的缺陷导致希特勒和他的计划制定者们低估了他们敌人的军事潜力。帝国的情报特务无法渗入稳固的苏联内部，他们没有能够提供足够精细的地形图，更不必说未来武器生产的准确估算。德国人不知道，许多新工业基地在乌拉尔山脉和苏联亚洲部分的远东地区兴建起来。苏联红军能够从几乎无限的人力后备资源里招募新兵：1700 万苏联男性达到参军年龄。

与此同时，德国人过高估计了他们自己的力量。最近的一系列胜利滋生出的优越感造成他们忽视了自身战争机器上的许多问题。陆军仍然主要依靠徒步行进的步兵并严重依赖马匹运送大炮和补给。甚至连摩托化的步兵师，尽管已经证明自己对于装甲先头部队的胜利至关重要，但也缺少卡车，这还是在投入了上千辆从德国征用或在法国俘获的民用车辆之后。

装甲师的攻击力量没有看上去那么强大。自从击败法国后，希特勒一直在成倍地增加坦克师的数量，从 10 个增加到 20 个，其中大多数是通过把本该分配给各师的坦克数量砍掉一半组建起来的。这样使每个师大约减少了 160 辆坦克。现在的坦克师只不过由先进的Ⅲ型坦克、Ⅳ型坦克和轻型捷克坦克混编组成；轻型的Ⅰ型和Ⅱ型坦克仅限于执行侦察任务或被拆掉做底盘用。下一代坦克仍处在试验阶段或者还在德国工程师的图纸上。事实上，苏联的坦克发展已经领先于德国。1941年春，当时希特勒还装出友好姿态，允许一个苏联军事考察团参观他的坦克工厂。苏联官员们难以相信Ⅳ型坦克是德国最重型的坦克，他们知道在苏联国内的生产线已经开始生产更快捷和更重型的坦克。

德国装甲部队的情况非常矛盾。军队缺少坦克和卡车，这是因为德国工业还没有为全面战争加速生产。没有能够全面发动经济力量促使闪电战的策略变得尤为重要，希望通过闪电般打击迅速取得胜利。但闪电战仍要依赖机动性，机动性必然要求提高卡车、坦克和其他各种车辆的产量和性能。

无论如何，希特勒和他的许多将军坚信他们看不到的东西——苏联人的劣等性。他们自信能够迅速获得胜利，以致根本没有认真考虑要求他们的轴心国伙伴——日本的协助，日本多年来一直同苏联关系不和。虽然来自东方的进攻将会分散苏联的力量，但是希特勒甚至没有通知日本人他的侵略企图。"我们只须一踹门，"希特勒向他的一名将军夸口，"那么整个腐朽的建筑将会倒塌。"

将军们也倾向于认为他们不会得到上百万心怀不满的苏联人的潜在支持，虽然这些人也渴望摆脱现行制度。19 世纪德国军事权威卡尔·冯·克劳塞维茨在拿破仑战败后得出结论，苏联只能由来自内部的力量征服。的确，内部的矛盾，在 1917 年布尔什维克革命中达到顶点，同德皇的军队一样有威力，注定了沙皇俄国在一战中失败的命运。但是，希特勒的种族主义使他不可能通过劝诱人民接受反对共产主义和地区独立这种理念来颠覆革命。

三位革命英雄 1919 年合影，希米扬·布琼尼（左），希米扬·铁木辛哥（站立）和克里门特·伏罗希洛夫在斯大林的大清洗中幸存下来，1941 年再次成为英雄。

1940年11月7日，炮兵拖拉机牵引152毫米榴弹炮经过莫斯科红场，庆祝十月革命胜利23周年。这些炮同苏军许多武器一样还是30年代的产品。

希特勒的确想发动一场残酷的战争。他说过这是一场"最后的战争"。他宣称德国士兵不必受《海牙公约》作战规则或者《日内瓦公约》优待战俘条款的限制，因为苏联没有签署这两个公约。"对抗苏联的战争不能以一种温和的方式作战，"1941年初他在一次高级指挥官会议上说，"这场战争是一场意识形态和种族之争，

31

并将必须采取前所未有、残忍和毫不手软的严厉手段。"

希特勒发布了一系列消灭苏联人的命令。一个相当有代表性的命令是授权德国军队就地处决拿起武器反抗德国入侵者的苏联平民。另外一个命令则免予在法律上追究德国国防军对苏联人民犯下的刑事罪行。一个所谓的"政治委员命令"要求处决红军各个部队中与军事指挥官共享指挥权的共产党政治委员。

这些命令由德国军队以及党卫队特别行动队执行，特别行动队跟随在占领军后面处决意识形态和种族敌人。许多陆军军官因为可能执行这些可怕的命令而感到惊慌，但是他们的抵触情绪都被陆军总司令布劳希奇压制了下去，他认为这样做除了激怒元首外没有任何用处。

从上一个冬季到1941年春天，德国人在东普鲁士、波兰和罗马尼亚大量部署部队。大约17000辆火车载着人员和装备开向东方。4月份，集结部队的一部分被临时调往南方，参加对南斯拉夫和希腊的短暂军事进攻。但是，这次调动没有严重影响对苏联发动进攻。最初计划5月下旬发起进攻，后来巴巴罗萨行动不得不推迟了大约五个星期。这次延迟的主要原因是新组建的装甲师和摩托化步兵师缺少车辆，以及东欧地区春季大洪水使边界河流难以逾越。

向东调动大军没能躲开苏联领导人约瑟夫·斯大林的注意。尽管德国人设计了一个假象，向西调动了许多二线师似乎准备入侵英国，但是斯大林没有上当。到

在"巴巴罗萨行动"绝密命令的开头几行，希特勒野心勃勃地命令他的军队"在一次快速战役中摧毁苏维埃苏联"。他宣称，胜利的关键是闪电式攻击到第聂伯河和德维纳河形成的一条防线，并且通过"纵深渗透的装甲先头部队发起可怕的进攻"消灭西俄罗斯的大量红军。撞开门后，入侵部队将把矛头指向北方的列宁格勒和南方的乌克兰和顿涅茨盆地。莫斯科，德军高级指挥官们的最高目标，将只是在占领列宁格勒和控制敌人的经济心脏地带后才去攻占。接下来，胜利的德军将追击苏军的残余部队，一直到乌拉尔山脉的山脚。这次战役制定的模糊终点将是建立一个"反击亚洲俄罗斯的屏障"，从伏尔加河河口阿斯特拉罕向北伸展到冰冻白海的阿尔汉格尔斯克。

野心勃勃的
侵略蓝图

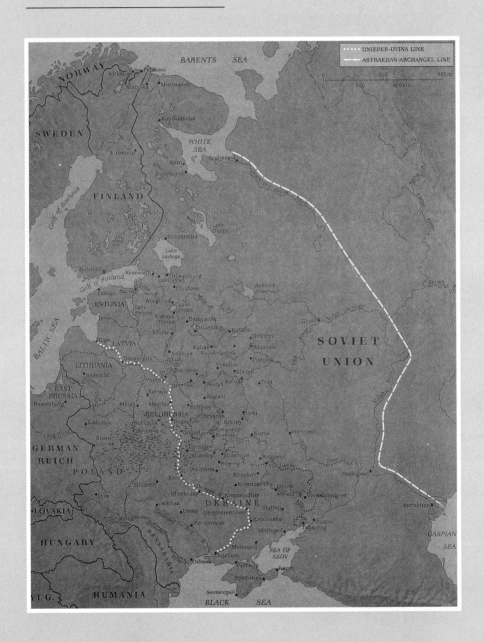

1940 年 12 月底，苏联驻柏林武官收到一封匿名信，信中有一个星期前发布的巴巴罗萨命令的详细内容。在接下来的几个月里，苏联接到十多次警告。整个春天，德国武装侦察巡逻队和装有特殊设备的高空间谍飞机频繁越过边界，这引起了苏联人的警惕。

斯大林似乎忽视了种种德国即将入侵的迹象。他没有说过一个字以表示公开抗议，也禁止政府控制的新闻媒体讨论这些事情，并且没有表现出要动员他的武装部队的意思。充分认识到 1914 年由于沙皇尼古拉二世动员部队从而引发了德国的宣战，斯大林决定不给希特勒同样的借口。苏联领袖显然认为希特勒，除非他被激怒，在没有发出某种最后通牒前不会挑起战争。为了安抚希特勒，斯大林甚至继续按照同德国达成的一项贸易协定用船向德国运输谷物和其他物资。与此同时，他深谋远虑地同日本谈判一个中立条约。

斯大林竭力想为他的武装部队赢得时间。红军正在进行一个现代化革新计划以弥补芬兰战争期间暴露出来的许多不足之处。同时，刚被任命为最高统帅部参谋长的格奥尔吉·朱可夫将军正在加速完成他全面防御的计划。朱可夫的计划是对 30 年代制定的苏联进攻战略的改进。不在边境附近部署大量的防御部队，而是在 150 多英里的纵深建立三条连续的防线。朱可夫希望这三个防区能够钳制德国装甲部队的进攻，以便使最后梯队，即战略预备部队，组织一次决定性的反击。

春季末期，沿边界部署的德国入侵部队人数超过了苏联第一条防线（据估计为 100 万人），比例高于 3：1。德军由 150 个师组成，其中 19 个是装甲师，14 个是摩托化步兵师。入侵者的主要目标是通过坦克纵深进攻包围苏联红军，并在边界与由德维纳河和第聂伯河形成的南北走向的战线之间歼灭红军，这个区域向东伸展大约有 300 英里。

按照计划，在 6 月的侵略战争中入侵部队分为三个集团军群。（1）北方集团军群规模最小。它的 31 个师向东北移动，从东普鲁士进入拉脱维亚，清除波罗的海国家，并占领列宁格勒。芬兰将提供援助，在德国入侵后的两个半星期以 14 个师的兵力从北方发起进攻。（2）中央集团军群规模最大。它的 57 个师将进攻普立伯特沼泽北部，一片辽阔的沼泽地沿边界延伸 150 英里。这个集团军群的两个平行纵队向东插入白俄罗斯，进攻斯摩棱斯克和莫斯科。（3）南方集团军群，由 48 个师组成，被分为两个庞大的独立侧翼部队。强大的北翼部队沿着普立伯特沼泽南部边缘向东进攻乌克兰。它的目标是第聂伯河和基辅城。规模相对较小的南翼部队，由六个德国师和约 20 万人的罗马尼亚部队组成，于 7 月 1 日越过罗马尼亚边界发起进攻。这样，除了陆军总司令部的 14 个战略预备师以外，所有部队在前两个星期内都投入作战。

架在一棵硬木树上的观察平台，位于苏联边境的德国观察哨在1941年6月入侵前寻找调动迹象。苏联人没有调动，因为斯大林害怕这种调动将挑起德国的攻击。

"巴巴罗萨行动"按照计划于6月22日凌晨3点刚过就开始了。夜幕开始撤去时，成千上万门德国火炮立刻喷发出令人恐惧的掩护炮火。上百架轰炸机闪电般越过边界线攻击边境以东200英里的苏联机场和部队集结地。然后坦克开始进攻，坦克两侧悬挂着口粮包和附加油料液体罐。

库佐奥·马拉帕蒂，南方集团军群的意大利随军记者，描写了攻击最初几小时的景象："坦克的排气管喷出蓝色的烟舌。空气中弥漫着刺鼻的气体，硝烟的浅蓝色混杂在草地潮湿的绿色和玉米地的金色反光中。呼啸而过的施图卡轰炸机编队下面，坦克机动部队犹如在摩尔多瓦平原的辽阔石板上用一支铅笔画出的一条条细线。"

许多坦克先头部队和紧随后面的步兵部队不得不越过险峻的天然障碍。在中部，他们面对布格河——布格河自 1939 年起就成为苏联和德国占领的波兰的界河。

德军步兵用桨划充气筏子渡过苏联边境上的一条河，附近是一座正在修建的桥以替代被苏联人毁坏的桥。这座被炸掉的桥梁算是例外，由于突然打击，德军完好无损地占领了大多数桥梁。

乘坐橡皮艇的步兵冒着苏联的炮火占领了对岸，并让作战工程兵部队修建了浮桥。步行和乘坐摩托车的进攻部队在苏联红军被动员前，穿过现有的桥梁，突然袭击防御部队并令他们的炮火攻击能力完全瘫痪。攻击的突然性令苏联红军的前沿部队措手不及，德国人完好无损地占领了布格河沿岸的每一座重要桥梁。

在布列斯特－里托夫斯克老边界堡垒的北部，第18装甲师的80辆坦克没有架设桥梁就穿越了布格河。它们干脆钻入13英尺深的河水，在河床上行进。这些原先设计用来入侵英国的两栖坦克，是专门经过改装用于水下行进的常规Ⅲ型和Ⅳ型坦克。一种防水化合物封住了所有的坦克外部出口，除了坦克外壳和炮塔之间的空隙，这个空隙用一种可膨胀的橡皮圈封住。钢管供给新鲜空气和排出废气，这些钢管是后来装备于潜艇的通气管的前身。穿越河水的两栖坦克得到了德军50个炮兵连的炮火掩护。"一个壮观的景象，"第18师指挥官瓦尔特·尼赫林少将回忆道，"但是没有起到任何作用，因为苏联人非常机智地将部队撤出了边界地区。"

当装甲部队从波罗的海到喀尔巴阡山脉冲破敌人的防线时，德国空军开始了它的空中打击，首要目标是德国高空侦察机拍摄下的前沿机场。德国飞行员非常高兴地发现地面机场的景象同他们研究过的和平时期的照片惊人一致。"我们简直不敢相信自己的眼睛，"在利沃夫地区驾驶梅109战斗机的汉斯·冯·哈恩上尉汇报，

“一排排的侦察机、轰炸机和战斗机像是检阅一样排列成行。”

德国的破坏炸弹摧毁了这些机场。四磅重的轻型导弹飞散出的被称为“魔鬼蛋”的钢片炸坏了停泊着的一排排飞机。在布列斯特－里托夫斯克附近的一个基地，魔鬼蛋迅速摧毁了企图起飞的一个中队的苏联战机。奋力飞上天空的陈旧敞舱Ⅰ－16战斗机也被德国的梅塞施密特战斗机打成碎片。笨重的苏联轰炸机在没有护航的情况下勇敢起飞轰炸入侵之敌，但被众多的德国战机击落。德国空军元帅艾尔伯特·凯瑟林形容击落它们的战斗为“屠杀婴儿”。

入侵当天到夜幕降临时，德国空军至少摧毁了1800架苏联飞机，其中一半以上的飞机是在地面上被消灭的。由空军掩护的装甲先头部队已冲破所有的防线。成千上万的苏联士兵成为战俘，十几个也许更多的苏联师被打散或打退。只有在南线德国人遇到一些有组织的抵抗。斯大林把绝大多数部队部署在那里，错误地判断德国的主要进攻方向是乌克兰的农业和工业目标。

德国空军破坏了红军主要依赖的电话和电报线路的通信联络，并且因此导致苏联最高统帅部出现指挥混乱。朱可夫将军希望他的多层防线的第一道能逐步后撤，为后续防线赢得时间发动一次反攻。他没料到德国人发起的进攻是如此迅猛，打击是如此沉重。斯大林也被德军毁灭性的突破所震惊，以致德军进攻开始了四个小时他都没有发布反攻的命令。

　　在柏林，希特勒得知第一天的惊人战绩后异常兴奋。在入侵的前一天晚上，他写信给他意大利的伙伴贝尼托·墨索里尼，第一次告诉他即将开始的进攻，并且表示在感觉"精神上自由"后心情很愉快——从德国同苏联22个月结盟的"痛苦折磨中解脱出来"。6月24日，入侵后两天，希特勒乘火车到达他的新总部，他称为狼穴，位于东普鲁士的拉斯特堡附近。那里，在茂密森林深处建造了许多木制营房和混凝土房屋，希特勒开玩笑地说那里的蚊子太大，他不得不要求德国空军的支援。

　　希特勒总部的东边，威廉·里特·冯·李布元帅指挥的北方集团军群向列宁格勒进发。他的第4装甲集群，侧翼在两个步兵军的掩护下，越过了梅默尔河。在左翼，第18集团军沿波罗的海海岸进军，直捣拉脱维亚的老首府和海港里加；在右翼，第16集团军通过保持同中央集群的联系对它的侧翼提供保护；在中间，第56装甲军在入侵当天快速挺进50英里占领通往波罗的海沿岸腹地的门户——拉脱维亚安罗格拉村庄附近跨越大杜比萨峡谷的公路和铁路高架桥。

　　尽管这支装甲部队只遇到零星的抵抗，第4装甲集群的另一支军队在前进的道路上却遇到了惊人的抵抗。6月23日晚上，在拉塞尼埃村附近，第41装甲军遭遇到300多辆敌军坦克。这些坦克许多是重型坦克，大部

在入侵的第一个星期，德军自行车部队进入一个燃烧的村庄。苏联地形证明对自行车部队太艰难了；士兵们迅速放弃了它们并继续徒步进攻。

分德国人对它们的性能一无所知。这种坦克叫作克利门特·伏罗希洛夫或简称为 KV, 是以十月革命一位英雄命名的, 这些巨兽在许多方面比德军的坦克性能优越。KV-1 重 50 多吨, 是德Ⅲ型坦克和Ⅳ型坦克的两倍, 装甲比德国坦克厚两到三倍, 但是最高时速只比

德军的
装甲重型车辆

　　被闪电战的残酷迅猛震惊的世界很难想象德军传奇装甲军团的缺陷。到法国战役结束，德国坦克部队仍经常发现他们的火力和装甲不足。胜利更多来自于高超的战术和组织，而不是机器的性能。

　　由于连续胜利导致的盲目乐观和缓慢生产造成的阻碍，在巴巴罗萨行动的前几个月，德国军队改进坦克的进展非常缓慢。尽管 I 和 II 型坦克加快速度逐步停止生产，但是提高重型坦克装甲和杀伤力的工作基本上没做，仍然还是装甲相对较薄的 III 型和 IV 型坦克。III 型坦克原来的 37 毫米炮——

被斥为一种无用的"敲门环"——被一种 50 毫米加农炮（上图）所取代，但是这种炮即使在苏联战场也很难证明不是一种权宜之计。

　　尽管存在这些失误，但是德国人迅速投资研制一种强大的新型武器——强击炮（右）。这种武器由一门安装在 III 型坦克底盘上的 75 毫米榴弹炮构成。在 1940 年的多次战役期间，这种混成武器已经证明既可以作为机动火炮，也可以作为坦克杀手。为了进攻苏联，它的数量以十倍的速度扩大，在苏联，每一片装甲都是非常急需的。

ⅢG 型坦克

　　这种坚固、性能可靠的Ⅲ型
坦克，是1941年德国装甲军团
的支柱，它深受五人坦克手的喜
爱。这一辆属于海因茨·古德里
安第2装甲集群第3装甲师。它
的高速50毫米火炮比Ⅳ型坦克
的75毫米炮穿透力更强，但是
在同苏联的T-34坦克面对面激
战中仍然显得射程短。

ⅢD 强击炮

　　配备到独立分队，像下面这
个强击炮经常协同步兵部队提供
近距离火力支援。他们的四人坦
克手包括一名指挥官、炮手、驾
驶员和装填－无线电操作员。一
个低矮、很难命中的断面和厚厚
的前装甲弥补了它安装在坦克上
移动受限火炮的不足。

德国坦克慢
几英里。另
外，KV-1
以及更重型
的KV-2轮
距 很 宽，
更便于在北
部战线的沙
地和泥地里
行进。"我
们的连队在
大约离敌人
800码处开
火，但是毫
无用处，"

威廉·里特·冯·李布元帅（前排左），是以老练战略家闻名的一位严格指挥官，在他北方集团军群军官的陪同下。作为一名虔诚的天主教徒，李布反对纳粹，但是以一名老式军官的忠诚为希特勒效劳。

第1装甲师的随军记者写道，"我们逐步向敌人靠近，敌人毫无惧地继续向我们开过来。我们迅速在50～100码处同它们对峙。一场激烈的交火爆发了，但没有迹象表明德国人会获胜。苏联坦克继续推进，我们的穿甲弹打上去就反弹出来。"

坦克大战经历了两天多的时间。苏联坦克抵挡住了反坦克炮弹以及德国坦克55毫米和75毫米加农炮炮弹。一辆KV-2坦克挨了70多发炮弹，没有一发打穿它厚厚的装甲。德国坦克首先通过攻击脆弱的履带使一些苏联坦克失去了机动性，然后利用炮火近距离猛轰这些不能动弹的巨兽。战斗工兵徒步用炸药包攻击其他的坦克。最终，6月26日早上，这个军的司令官是参加法国闪电战的老将乔治－汉斯·莱因哈特中将，给苏联红军的坦克部队上了一堂战术课。一个师在前线坚守，另一个师从侧翼发起反击，迫使敌人的坦克进入一块沼泽地。苏联人在发动正面攻击时步调不一致，显示出缺乏作战经验，损失了将近200辆坦克。

在同一天早上，第56装甲军进一步向东北方极为重要的目标快速挺进。这个军由艾里奇·冯·曼施坦因中将指挥，他是一名优秀的战略家，曾于1940年帮助

好奇的德国士兵爬上一辆巨型的苏联KV-2坦克，这辆坦克是6月29日在杜布诺附近缴获的。炮塔上写的字显示戈林将军团的炮手们已经打倒了这个庞然大物。

制订了侵略法国的计划，现在他证明自己在战地同样优秀。每当他的部下畏缩不前时，他就在指挥坦克上高喊："继续前进！继续前进！"他指挥他的坦克部队在四天里前进了 200 英里并消灭了 70 辆敌人坦克。这次攻击的目标是德维纳河以及位于拉脱维亚陶格夫匹尔斯城的几座桥梁，该城市是列宁格勒和边界之间的一个重要铁路交通中心。一旦占领 250 英尺长的公路桥和铁路桥，曼施坦因就打开了通往列宁格勒的道路并切断道加瓦河以南苏联军队的进攻道路。

曼施坦因在离桥四英里的地方停下他的坦克部队，此时计谋代替了速度。为了避免惊动苏联人，使他们来不及炸掉桥，他派了大约二十几名勃兰登堡团的士兵，这是一支专门受训执行此类任务的突击队。伪装成受伤的红军战士，勃兰登堡战士乘坐四辆缴获的苏军卡车，由会说俄语的德国人驾驶，并且还穿着苏军制服。他们非常顺利地混入苏联军队的车队里，路边的苏军士兵还向他们挥手并相互问候。

快到河边，这支车队分开了。一辆卡车向铁路桥开去。苏军哨兵识破他们的诡计并开火后，他们不得不投入战斗。勃兰登堡士兵切断了桥上爆破装置的电线，尽管一个炸药包意外地爆炸了，但只造成很小的损失。另外三辆卡车上的同伴攻击公路桥。他们压死了正在同第一辆卡车交火的一名哨兵，快速穿越拆除了安放在桥墩远端的炸药，并且打死了其余的哨兵。

这些勃兰登堡士兵不久就为他们的冒险行动付出了代价,苏军士兵从桥的两端冲了上来。包括指挥官沃尔夫莱曼·克纳克中尉在内的六名德国人被打死,其余多人负伤。德军增援部队及时赶到救出了这些幸存者,并完全占领了这两座桥。不久,曼施坦因的装甲部队轰鸣地开到河对岸并击溃了从陶格夫匹尔斯街道里冲出来的苏联人。勃兰登堡士兵在距列宁格勒不到 300 英里的道加瓦河交通要道采取的突击行动是曼施坦因装甲队进军的最高潮。"迅猛地突破"道加瓦河,后来他写道,是"一名坦克指挥官梦想的实现"。

曼施坦因的梦想很快在挫折和艰难行军中破碎了。他的军队被要求在道加瓦河桥头堡等待六天,直到其他的装甲部队和步兵赶上来。接着,当德军先头部队继续向东北方向前进时,装甲部队遇到了苏联人更加顽强的抵抗,而且泥泞的地形越来越不适合装甲部队行进。尽管北方集团军群在第一个星期内取得了令人瞩目的战绩,但是它未能完成在道加瓦河以南包围敌军大部队的任务,只俘虏了 6000 名红军。

德国最高统帅部内关于战术问题的意见不一,进一步导致更多问题的出现和延误。让装甲先头部队与步兵距离太远并在攻击时暴露侧翼是否太冒险?装甲部队开往列宁格勒前是否要确保波罗的海海港的安全?这样的问题在各级指挥系统产生了混乱和抱怨。希特勒也从他的拉斯登堡总部干涉作战决策。虽然如此,北方集团军群还是向前挺进。7月的第二个星期，装甲先头部队攻破了斯大林防线的防御阵地，斯大林防线是1940年苏联的边界线。在7月14日，莱因哈特的第41装甲军穿过卢加河并在距离列宁格勒不到80英里的地方建立了一个桥头堡。

在德国战线的另一侧翼，南方集团军群进展顺利，尽管没有北方部队那么迅速。西乌克兰的苏联军队是红军中人数最多、指挥最得力及装备最精良的部队——是"最为顽强的敌手"，冯·龙德施泰特陆军元帅承认道，他是南部战线经验丰富的指挥官。南方集团军群的两翼将最终在基辅南边的第聂伯河的大弯处会师，基辅是乌克兰的老首府和苏联第三大城市。在右翼，在罗马尼亚做好战斗准备的德军第11集团军，得到了罗马尼亚军队的增援，在6月底只不过在普鲁特河对岸建立起桥头堡。它部署在那里是为了阻止红军可能发动反攻，占领罗马尼亚普洛耶什蒂油田。与此同时，左翼部队——第1装甲集群，侧翼由第6、17集团军掩护——从波兰南部发动进攻并且遭到苏联部队在第一个星期战斗中最强烈的抵抗。

在一系列同顽强的敌坦克交战中，装甲部队缓慢向前推进。6月23日，已经渗入乌克兰50英里，冯·克莱斯特将军指挥的五个装甲师遇到了曾在波罗的海地区给他们友邻部队造成威胁的重型KV坦克。他们还碰到一种新的中型坦克——T-34。

一支党卫队部队，装备和物资由马运输，穿过西道加瓦河上的一座浮桥向列宁格勒前进。尽管号称是一支机械化部队，但是在入侵苏联

时德国陆军使用了将
近 62.5 万匹军马。

T-34 坦克比 Ⅲ 型和 Ⅳ 型坦克重和快,它的出现立刻令德国人不知所措。在第一次同 T-34 的交战中,第 16 装甲师的反坦克炮手们发现,在不到 100 码的近距离内,他们可以数清 37 毫米炮弹从敌人坦克倾斜的装甲钢板上弹回的数目。但是,缺乏训练的苏联坦克手再次使战局向有利于德军装甲部队的方向发展。他们的指挥官在混乱的攻击中分散了坦克兵力，违反了古德里安将军最大限度集中兵力的理论——"不要少量，而要大规模"。另外，T-34 坦克的炮手还担任四人坦克成员的指挥官，这一双重职能干扰了有效和迅速射击。对于德国人来说，他们很快就学会首先消灭老式坦克从而孤立新式坦克，然后利用飞机、坦克和火炮联合向 KV 和 T-34 坦克发动猛烈打击——包括 88 毫米高射炮水平射击。

克莱斯特经过一个星期的连续作战后突破了敌人防线，但是他们未能按预期包围敌军。苏联坦克和步兵或多或少完整地撤退并在东部 150 英里处（斯大林防线工事后面）重新集结。即使在那里，距离基辅西和西南 100 英里，德军还是于 7 月 7 日突破了这条防线，但是在迫使苏联人又一次撤退到第聂伯河前，德军不得不用坦克和飞机又猛烈进攻了好几天。

当他们隆隆地向前挺进时，德军坦克和部署在他们两翼的掩护步兵除了对付正前方出现的敌人，还遇到许多其他问题。在德军先头部队后面一百英里的地区，小股的红军部队仍在继续战斗，这些来自后方的进攻不断地造成致命的打击。在克莱斯特进攻路线的北边，有几个苏联师躲藏在普里皮亚特森林沼泽地里，不断攻击德军的侧翼部队。一次，他们曾经短暂地切断第 1 装甲集群的主要补给线路。在一次持续两天的交战中，一个德

国步兵营死伤了 170 人——几乎是它有效战斗力的四分
之一。

德军计划者既没有预料到这些问题，也没有预料到
乌克兰恶劣的地形和气候。被德军标为公路的道路基本
上不存在，可以搜寻到的苏联地图非常不精确。"在地
图上用粗红线表示良好的道路结果是些小路"，龙德施
泰特后来回忆。突然而降的雷暴雨令这些小路变成没膝
的深黑色泥泞沼泽，联想到大部分德军乘坐的车辆所用
的人造橡胶车轮，部队戏称这种路为橡胶。当乌克兰的
黑土地变干时，它又扬起大量的细小灰尘，灰尘飞进人
的肺里和机器的引擎里，而且还会让人产生错觉，使士
兵的正常心态受到影响。一次，一整连的德军摩托车兵
冲进路边的沟里，当他们胆怯地爬出来时却发现，灰尘
中隐隐出现的敌人坦克原来是一辆农民装满大粪的四轮
马车。

在泥泞、灰尘和敌人顽强不屈的打击下，龙德施泰
特从罗马尼亚发动进攻的南翼部队的速度也放慢了，但
是主要问题是缺乏坦克和空中支援。德国和罗马尼亚部
队 7 月 1 日全部越过普鲁特河并穿过苏联一年前吞并的
罗马尼亚的比萨拉比亚省向东北方向运动。这些士兵本
应当去援助包围基辅东南的苏联军队，但是他们蜗牛般
的进度——平均每天前进 8 英里——使他们根本没有希
望按时到达。

同时，北翼部队前突得很远。克莱斯特的一个装甲

纵队攻破了斯大林防线并向东全速前进。到 7 月 10 日，坦克已经到达距基辅不到 12 英里的地方——但是无法进一步推进。希特勒出来干涉了。他禁止德军装甲部队进入该城，并且命令克莱斯特向南进军切断撤退的苏军。

在漫长苏联防线的中段，德国侵略者取得了最辉煌的胜利。三支先头部队中最强大的中央集团军群由第 2 装甲集群和第 3 装甲集群，第 4 和第 9 两个步兵集团军组成，所有部队归冯·鲍克陆军元帅指挥。两支装甲集群像铁钳一样分别从波兰发起进攻，相距大约 125 英里向白俄罗斯进军，目的是晚些时候在进行大包围时合拢巨大的铁钳。

在不到一个星期的时间，装甲部队——古德里安将军指挥的第 2 装甲集群和赫曼·赫特将军指挥的第 3 装甲集群——越过边界向前推进了将近 250 英里。6 月 27 日，他们的铁钳臂从南、北两个方向在明斯克市合拢，在所谓的第一次包围战役中包围了近 50 万苏联军队。一天后，两个德国步兵集团军在苏联领土纵深约 100 英里的比亚韦斯托克东面合拢了一个较小的包围圈。

许多被围的红军部队怀着可怕的革命热情向外突围。古德里安的第 29 摩托化步兵师的士兵惊愕地看到苏联人不断发起自杀式的人浪进攻。在他们前面红军手挽手并举着像长矛一样的固定的坚硬长刺刀，他们无畏地呐喊，面对死亡勇往直前地向德军的机枪火力冲去。

除了打死成千上万的敌人，德国人还在两个包围圈里俘虏 30 万人并摧毁或缴获 2500 辆坦克。苏联最高统帅部最初一直愿意接受牺牲，但是损失太大了。前线的红军指挥官狄米特里·巴甫洛夫大将和他的主要参谋人员于 6 月 30 日被召回莫斯科，他们都被处决了。

从明斯克的包围圈出发，装甲先头部队在德国空军战斗机的掩护下向东开进。6 月 30 日，在博布鲁伊斯克附近，一拨接一拨的苏联轰炸机试图冲破德军的空中掩护，竭力想消灭古德里安的第 2 装甲集群。轰炸机又一次没有战斗机的护航，他们遇到了德军第 51 战斗机大队的梅 109 战斗机。那天德国人击落了 114 架飞机，他们成为德国空军第一个击落 1000 架敌机的战斗机大

乌克兰村民拿出一盘面包和盐，送给向南苏联挺进的德军，以表示欢迎。同其他敌视斯大林的族群一样，乌克兰人最初视德国人为解放者，而不是征服者。

　　冯·克莱斯特第1装甲集群的坦克和其他装甲车辆等待穿过一个广阔的乌克兰平原发起进攻的信号。在远处，滚滚浓烟从一个被轰炸的苏联城镇冒出来。

队。这个大队的指挥官沃纳·莫尔德斯上校击落了 5 架飞机，使他本人击落敌机的总数达到 82 架，创德国空军最高纪录。

在东普鲁士，哈尔德陆军参谋总长，也是向莫斯科进军的主要赞成者，品尝到中央战线令人眩晕的胜利。6 月 30 日，哈尔德 57 岁生日那天，希特勒本人来喝茶，根据以前他们两在战略问题上的争论，这愈发显得是一种不计前嫌的姿态。三天后，当古德里安的先头装甲部队逼近明斯克东南 115 英里第聂伯河畔的罗格切夫时，平素小心谨慎的哈尔德得出了一个不成熟的结论。他在 7 月 3 日的日记里断言，消灭道加瓦河和第聂伯河以西的大量红军的目标已经实现了。尽管前面还有艰苦的战斗，但是他写道："可以毫不夸张地说对苏联作战行动已经在两个星期的时间内取得了胜利。"第二天，希特勒同他的外交部部长冯·里宾特洛甫共进午餐时重复了哈尔德的话，并且大谈特谈他对占领苏联的殖民计划。

在他们得意忘形时，第三帝国的领导人再一次低估了红军的力量和韧性。被德军装甲部队快速推进切断退路的苏联部队坚守阵地，不断向落在装甲部队后面的德国步兵发动猛烈的打击。

装甲先头部队前方以及后方的情况正发出警告，苏军远没有被打败。强大的新型苏联坦克正出现在中央战线上。7 月 3 日这天，哈尔德在他的日记里表现得非常乐观，古德里安的一个师——第 18 装甲师——在别

一个 18 世纪
堡垒的挑战

布列斯特－里托夫斯克堡垒的一个入口，显示在攻打堡垒期间德军轰炸的效果。

在"巴巴罗萨行动"最初的几个小时里德军穿插进苏联的深处，德军坦克绕过位于苏联防线中央的布列斯特－里托夫斯克城的古堡垒。占领这个孤立堡垒的任务交给了冯·克卢格强有力的第4集团军的第45步兵师。德军的突击使数量处于劣势的苏联要塞守军感到吃惊，到

战役的第二天，布列斯特－里托夫斯克最终全部落到德国人手里。但是，大约3000名红军幸存者在这个堡垒里筑壕坚守——一个控制布格河和穆卡哈维特河汇合处四个岛的军事基地。只是凭借带角塔城墙和护城河的保护，18世纪的堡垒似乎过时得可怜，但是这些墙证明对炮火有

非同一般的抵御力，甚至德国空军的俯冲轰炸机反复轰炸也未能征服对抗的坚守者。

一旦德军步兵部队突破堡垒的城墙，他们就不得不进入危险、狭窄的街道，经过伪装的苏军机枪和大炮对街道进行纵射，每间营房和地下室都必须艰苦地搜寻防御者，许多防御者决定战斗到死。

（上）德军步兵沿堡垒内的一条街道小心翼翼地前进。苏联狙击手造成德军重大伤亡：攻击堡垒的第一天，德军损失了 21 名军官，290 名士兵阵亡。

（下）左图，守军被从堡垒内的地下隐蔽部里驱赶出来。争夺布列斯特－里托夫斯克的战斗拖延了一个星期，然后孤立的苏联人在堡垒里筑壕坚守。德国人花了一个月的时间才把他们最后的人清灭。

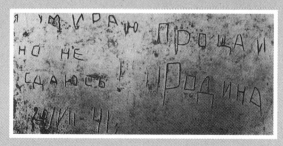

（上右），第45步兵师的士兵们沿堡垒的城垛之一择路进攻。两平方英里的堡垒使德国人面临错综复杂的防御，根本不可能进行协同作战。

1941年7月20日，一个孤独的守卫者在营房地下室的墙上刻下一段勇敢无畏的遗言："我就要死了，但是我绝不投降！再见，祖国母亲。"

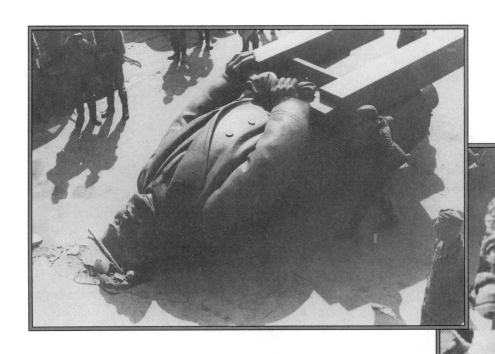

列津纳河附近明斯克到莫斯科的主公路上遭到了中型
T–34 和重型 KV–2 坦克的攻击。后来，该师指挥官瓦
尔特·内林将军数了一下，一辆 KV 坦克的装甲被击中
了 11 次，但没有一发炮弹穿透装甲。

在接下来的几天里，在一系列的交战中德国坦克手
战胜了性能优越的苏联坦克——但只能归功于德军的战
术经验和增援步兵丰富的应变技能。德军第 101 步枪团
7 月 7 日在一次同一辆巨型坦克交战中，显示了他们同
KV 坦克对抗的能力。他们把手榴弹捆绑在一起，并把
它们扔到坦克的炮塔上。炮塔瘫痪后，一名中尉跳上坦
克，另一名士兵扔给他一颗棒式手榴弹。他接住，拉开

左图，6 月 26 日德军占领明斯克后，苏联革命之父列宁的雕像破碎地倒在明斯克的主广场上。

下图，战俘在明斯克附近的一个收容点等候押送到后方。比亚韦斯托克和明斯克包围圈抓住了 30 万名苏联战俘，绝大多数人在德国集中营里死于疾病和饥饿。

引线，猛地推进坦克 152 毫米口径的厚厚的炮管里，然后跳开。手榴弹在炮管尾部引起炮弹爆炸，爆炸掀开了舱盖。另一个德军士兵从 25 英尺外将一个炸药包用力掷进炸开的舱盖里，把这辆坦克彻底炸毁。

也许对德军攻势最危险的威胁既不是红军狂热的顽强抵抗，也不是红军令人生畏的新式坦克，而是犹豫不决和意见分歧的德国领导人。指挥官们，从希特勒往下，在战略目标或战术手段上不能达成共识。

第 2 装甲集群的海因茨·古德里安处在风暴的中心。他是闪电战理论提出者之一，曾作为一名装甲部队指挥官在波兰和法国证明了这个理论。现在他正在为自己的良好表现和不怕死的声誉增添新鲜的内容：他命令所有的车辆漆上一个巨大的白色字母 G，而且在纵队的前方指挥他的装甲军团，而不是在后方的指挥部里。有一次，古德里安勇敢地亲自操作他装甲指挥车上的机枪冲破了敌人的一个路障。这位将军展现出一个如此高大的形象，以致他的空军联络官形容他就是"战神本身"。他还有一个傲慢自大的名声，这为他赢得了一个"头脑发热的人"的绰号。

7 月初，古德里安和第 3 装甲集群指挥官赫特决定通过进一步向苏联纵深挺进以取得更为惊人的进展。他们迫切想抵达第聂伯河和斯摩棱斯克，斯摩棱斯克是中央集团军群的第一个主要目标。希特勒和其他人更关心

突破苏军的边境防线后，三个德国集团军群直插敌人的心脏地带。四个装甲集群（深色）作为攻击的先头部队，八个步兵集团军紧随其后并沿它们的两翼前进。在北方，李布的集团军群迅速攻克了立陶宛和拉脱维亚，到 7 月中旬他的装甲部队沿卢加河已经做好最后进攻列宁格勒的准备。与此同时，鲍克中央集团军群的两个装甲集群协同作战包围了白俄罗斯的苏军。留下步兵歼灭被包围的苏军，鲍克的装甲先头部队渡过第聂伯－道加瓦河，7 月 16 日攻占了斯摩棱斯克，距莫斯科还有三分之一的路程。在南翼，伦德施泰特的集团军群遇到了激烈的抵抗，首先在边境附近，然后是沿斯大林防线。最终，在 7 月的第二个星期，苏军防线崩溃了，德军迅速穿过乌克兰向基辅攻去。

挺进
苏联腹地

比亚韦斯托克和明斯克包围圈的缩小。他们赞成撤回这两个装甲集群援助步兵。

私下里，陆军总参谋部希望装甲部队指挥官能迅速向前进攻。但是为了让希特勒满意，哈尔德和布劳希奇假装限制古德里安和赫特，让他们听命于一个保守的指挥官。7月3日，冈瑟·汉斯·冯·克卢格陆军元帅将这两个装甲集群划归他新成立的第4装甲集团军。克卢格的步兵部队交给马克斯米利安·弗雷赫·冯·魏克斯将军领导的第二陆军参谋总部指挥。

克卢格是一个守旧的炮兵军官，一个精力充沛的58岁的普鲁士人，他的双关语绰号是"聪明的汉斯"，

古德里安将军（右）同他的上司克卢格元帅（坐者）在中部战线的一个指挥所里交谈。这两个官员对古德里安的攻击性战术产生了矛盾。

上图，海因茨·古德里安的参谋吉普车，印有代表他个人的字母G，在向莫斯科挺进途中，在装甲纵队的前面试图穿过一条临时搭建的道路。

说明他政治上的敏锐。古德里安在法国时曾受过克卢格的指挥，从个人和职业角度古德里安都不喜欢他。他从苏联写的一封信里说克卢格是一个"进攻的刹车闸"。克卢格几乎立即同他的新下属发生了冲突。古德里安和赫特不执行他的命令，拒绝后撤装甲师以防止明斯克包

围圈里的苏军突围。当两位将军解释他们的行动是因为命令传达过程中出现的问题时，克卢格指责他们煽动一个"将军们的阴谋"，并用军事法庭威胁他们。

古德里安没有被吓住，他自作主张决定冲过第聂伯河并推进最后100英里抵达斯摩棱斯克。7月9日，计划行动的前一天，克卢格出现在古德里安的指挥部并愤怒地同他这位难以管束的部下争吵。他命令装甲部队的

当维捷布斯克在他们周围燃烧时，第20装甲师的士兵们利用短暂的休息时间吃饭喝水。作为苏联焦土政策的一部分，苏军士兵在他们撤退之前放火烧了这些建筑物。

过河行动必须推迟，直到步兵赶到为止。古德里安激动地争辩，敌人正在第聂伯河对岸加强防御力量。他认为，德国步兵将用近两个星期的时间到达第聂伯河，到那时候苏军防线将会非常坚固，无法突破。

后来古德里安写道，作为最后一个手段，他告诉克卢格，"准备工作已经走得太远，因而无法取消"。他指出他的两个军的坦克已经"集结在他们开始进攻的位置"，而且只能在那里停留"一段有限的时间，在此之后苏联空军一定会发现它们并攻击它们"。古德里安继而表示他的信心，这次进攻一定会胜利并且预言"这次行动将在年内决定苏联战役"。

在斯摩棱斯克扫荡行动中，德军士兵砸开一扇门。这个城市于 7 月 16 日落入中央集团军群手里，但是在工业集中的郊区，警察和工人民兵部队继续开展殊死的、逐屋逐户的抵抗。

克卢格反驳："你的作战行动总是那么冒险！"但是他被古德里安的辩论驳倒而且意识到装甲部队司令有陆军总部的秘密支持，克卢格不情愿地屈服了。7 月 10 日装甲部队恢复了向斯摩棱斯克的进军。古德里安装甲部队从南面发动进攻，在第聂伯河三处搭桥过河；赫特的装甲部队通过道加瓦河边的维捷布斯克从北面发动进攻。由于遭到不断增强的抵抗，坦克纵队平均每天推进不到 15 英里。不过，7 月 16 日，经过残酷的逐屋巷战后，古德里安的第 29 摩托化步兵师占领了斯摩棱斯克。在同一时间，赫特的装甲先头部队绕过斯摩棱斯克并在该城以北 30 英里会合，最终完成了对苏联两个集团军的双重包围。

德国人的目标现在似乎达到了。在北方和南方，集团军群正处在对他们的目标列宁格勒和基辅的攻击距离内。在中部战线，装甲部队走得更远，从巴巴罗萨行动开始后在 25 天内前进了 450 英里。现在距苏联的首都只有 225 英里，古德里安的坦克手们沿斯摩棱斯克东部的混凝土公路上树立了许多手写的标志牌。标志牌指示"通往莫斯科"的道路。

2. 胜利和犹豫

1941 年 7 月 22 日夜，占领斯摩棱斯克不到一个星期，德国人袭击了莫斯科——不是从地面，而是从空中。为了响应希特勒夷平苏联首都的号召，德国空军出动 127 架双引擎轰炸机，携带了 104 吨高爆炸弹和 46000 枚燃烧弹。在它们目标以西大约 20 英里处，轰炸机遇到了探照灯的蓝白闪光，接着防空炮火猛烈打响。高射炮弹的爆炸和探照灯的盲目照射打散了德国飞机的队形，炸弹漫无目的地扔到城市中。燃烧弹击中了克里姆林宫的房顶，但是 17 世纪时期的坚固砖瓦阻挡了小型炸弹的穿入并且没有造成很大的损失。

7 月的这次轰炸以及这年以后进行的其他轰炸，并未能对这次战役产生决定性的影响。德国人既没有足够的轰炸机也没有足够的炸弹，除了简单地威吓莫斯科的平民外，别的目的都达不到。但是在地面，德国的装甲部队已经推进到距首都不到 200 英里的地方，而且市民们预测他们随时会抵达。但是夏天过去了，没有坦克出现。德国领导人纠缠在战略目标的斗争上，而且当他们为巴巴罗萨行动的优先顺序而争吵不休时，德军对苏联首都的进攻停止了。

一座苏联东正教教堂圆形拱顶的下面，大火烧毁了一个乌克兰村庄。当苏军撤退时，他们执行斯大林的命令，烧掉德军进攻可能利用的每样东西。

当中央集团军群的装甲部队越过斯摩棱斯克快速向前推进时，关于战略目标的争论越来越激烈。希特勒对装甲先头部队已经推进 500 英里感到很欣慰，但是他们深入得越远，希特勒就越烦恼。他担心他们侧翼的安全，害怕坦克和步兵之间的宽阔空隙——比如，古德里安坦克和步兵之间的空隙超过 100 英里——将会使包围计划落空，制订这个包围计划的目的是包围和消灭全部的苏

当苏军反击一次德军的空袭时，飞驰的曳光弹和伞投照明弹照亮了莫斯科的夜晚。拍照者玛格利特·鲍克－怀特于 1941 年 7 月 26 日从"民族饭店"的屋顶上拍下了上图的照片。右图，莫斯科的妇女和儿童睡在马雅

72

联集团军。

希特勒在 7 月 19 日发布的 33 号命令和四天后下发的 33 A 补充命令里，表示了他的担忧。在命令中，他要求轰炸莫斯科并下令实质上暂停从陆地向莫斯科挺进。他命令中央集团军群的两个装甲集群转向侧翼。赫曼·赫特的第 3 装甲集群向北推进加入进攻列宁格勒的战斗；古德里安的第 2 装甲集群转向南协助占领乌克兰。

希特勒的命令应当不会使他的部下吃惊。巴巴罗萨最初的计划要求在向莫斯科挺进过程中暂停进攻，装甲部队转向南、北两个方向。但是一直以来，陆军司令部参谋总长弗朗兹·哈尔德以及其他主张全力攻打莫斯科的人自以为是地设想，当时机来临时他们能说服元首放弃这个想法。

可夫斯卡亚地铁站里，这里已经改装成一个防空掩蔽所。

现在时机来了，关于巴巴罗萨目标的熟悉争论——莫斯科或者列宁格勒和乌克兰的侧翼目标？——达到沸点。希特勒和哈尔德是两派意见的代表。私下里在他的日记和私人信件里发泄不满的同时，哈尔德还正式反对希特勒的命令。"元首的不断干涉成为平常一件讨厌的事情，"他写道，"他又玩军阀的把戏并用愚蠢的想法打扰我们。"

哈尔德确实赞成希特勒的部分观点。他承认需要保护中央集团军群的侧翼，并向希特勒建议坦克纵队暂停进攻，直到步兵赶上来。然而，他认为希特勒计划将进攻重点从莫斯科转向列宁格勒和乌克兰是一场灾难。7月28日，他劝说希特勒推迟装甲集群转向侧翼，但是元首仍然坚持停止对莫斯科的进攻。

但是，争论远没有结束。几个星期以来，来自高层愤怒争吵的震撼引起了一系列从司令部到最前沿装甲先头部队的强烈反响：在那里，闪电战的顽固支持者，比如古德里安，将继续坚持他们的意见。

在高级官员犹豫不决时，中央集团军群的部队遇到了战役进行一个月以来最猛烈的抵抗。7月中旬，古德里安的一个师占领斯摩棱斯克后，赫特的第3装甲集群的先头坦克部队绕过斯摩棱斯克向北进攻。然后他们向右转，企图同古德里安的坦克部队会合并包围斯摩棱斯克东面强大的苏联军队。但是一名德军参谋人员回忆，对坦克行动来说，这是糟糕得令人吃惊的地区。"巨大的原始森林、辽阔的沼泽地、可怕的公路和桥梁，无论公路还是桥梁都不够牢固，难以承载坦克的重量，"他写道，"抵抗也非常顽强，苏联人开始在他们的防线布满地雷。他们防守起来很容易，因为基本上没有什么公路。"

红军还用一种秘密武器向赫特的装甲部队发动进攻——喀秋莎，以一首广为流传的爱情歌曲里女主人公的名字命名，它由多管火箭炮组成，射程达到四英里。

转向侧翼

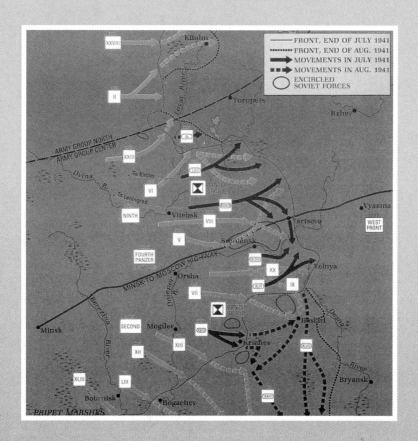

7月16日斯摩棱斯克沦陷后，中央集团军群的两个装甲集群（深色）未能成功地合拢包围该城北部和东部苏军的钳形攻势。两支先头部队都蒙受了向东猛攻的恶果，这样的猛攻拉长了补给线并暴露了他们的侧翼和后方，可能让敌人实施反击。尽管有这些危险，但是他们仍继续进攻，赫特的第3装甲集群绕过斯摩棱斯克北部以东30英里的雅尔策沃切断了明斯克至莫斯科的公路。然后，赫特等待同古德里安的第2装甲集群会合。但是后者没有转向北面，古德里安派他的装甲部队向东，在进攻莫斯科前攻占叶利尼亚附近的高地。结果，成千上万的苏军在赫特7月26日最终封闭包围圈前逃了出去。8月期间，中央集团军群前线的北部仍然大部分时间保持平静，此时古德里安的装甲部队和第2集团军沿南翼清除了敌军，为基辅包围战奠定了基础。

第一次火箭齐射猛烈地打向斯摩棱斯克东北鲁德内亚的第5步兵师。当炮弹划过空中发出令人恐惧的呜呜声并且雨点般砸下来时，火箭炮不仅令德军感到恐惧，而且前线的苏联人也很害怕，由于保密原因没有告诉他们有这种武器。根据声音和管状发射架，德国人称这种新式武器为"斯大林管风琴"。

当赫特试图从北面包围斯摩棱斯克时，古德里安装甲集群的一部分正从南面进攻该城。但是，古德里安没有立即转向北同赫特会合，而是派他的第10装甲师进一步向东面叶利尼亚进攻，叶利尼亚是斯摩棱斯克东南约40英里一个位于主山脉上的铁路枢纽。古德里安心里惦记着没有合围的莫斯科，他视叶利尼亚的高地为进攻莫斯科的跳板。经过一整天的战斗，他的装甲部队于7月19日晚攻占了叶利尼亚。占领和控制该城使得古德里安大举向北移动同赫特会合以及封死包围圈的意图受阻。

苏联决定粉碎斯摩棱斯克附近正在形成的包围圈，他们于7月23日发动了一次猛烈的反击。许多来自后方的新编师投入了这次战斗，他们从东面和东南面发起反击。同一时间，被围困的两个苏联集团军成千上万人的部队为突破尚未合拢的包围圈拼死战斗。那天晚上，至少五个师从东面赫特和古德里安之间的空隙突围出去。德国空军估计超过10万苏联人从斯摩棱斯克包围圈里逃出去。

在被战争弄得疮痍满目的罗斯拉夫尔镇，第2装甲集群司令海因茨·古德里安（左数第二人）同他

的前上司第9步兵军司令赫曼·盖耶尔中将交换意见。他们的包围作战行动围困了38000多名苏军。

希特勒马上得知突围的消息，这对他决定放慢进攻莫斯科的速度产生了重大影响。他打电话严厉斥责中央集团军群司令费多尔·冯·鲍克，并派武装部队最高统帅部参谋长威廉·凯特尔前往鲍克的司令部以确保斯摩棱斯克包围圈合拢。赫特的第 20 摩托化步兵师最终于 7 月 26 日将包围圈关严。落在后面的第 9 集团军步兵花费了大量时间把被包围的敌人赶到一起。直到 8 月 5 日，鲍克才以命令形式宣布斯摩棱斯克的包围圈已经被消灭了，但是战果仍给元首留下了深刻的印象：俘虏 31 万人，摧毁和缴获 3205 辆坦克与 3120 门大炮。

同时，古德里安为确保他南翼的安全，巧妙地在斯摩棱斯克东南 70 英里的铁路中心罗斯拉夫尔又围了一个口袋。为了这次作战——消灭自从 7 月 18 日以来一直骚扰他右翼的一个苏联集团军——又给古德里安配备了两个步兵军。古德里安怀疑这些他不熟悉的部队是否能达到他的一般作战水准。其中的一支部队是赫曼·盖耶尔指挥的第 9 军。盖耶尔是一位著名的一战老兵，曾经两次担任过古德里安的上级。古德里安认为盖耶尔的部队没有经过战争的考验，这当众侮辱了他的老上级。盖耶尔指出仅一个第 137 步兵师从巴巴罗萨行动开始后就伤亡了 2000 人。

古德里安在一所苏联学校召开各军指挥官会议，宣布了一个罗斯拉夫尔北部的包围计划，他认为这是一个教科书式的包围作战。一个步兵军向东南方向进攻以钳制敌人。盖耶尔的第 9 军从东北向南进攻，穿过敌人的后方向西运动，同一个向东穿插的装甲师会合。盖耶尔发现古德里安的计划有缺陷并如实相告，但是古德里安不为所动。"在苏联的小校舍里开会期间，"他写道，

"我不得不固执己见反驳我的老上级的意见。"

进攻一开始，古德里安特意为盖耶尔的部队树立了一个榜样。8月3日，作战的第三天，攻击最左翼的团受阻。为了加快攻击进度，古德里安亲自加入先锋步枪连，同他们并肩作战了一段时间。消息迅速向后面的部队传播过去，"快速海因茨"正同步兵战士们一起冲锋陷阵。以这种方式，古德里安写道，他"保证没有不必要的拖延，而且不需要费许多口舌"。

两天后，这时口袋几乎已经封住了，古德里安冲向罗斯拉夫尔东北的一个缺口，那里很快挤满了苏联人。对于这个对他包围圈的威胁，古德里安勃然大怒，他调来一个装甲连，然后组织了一个步兵和炮兵的混合编队并率领他们投入战斗。此后不久一名助手看见他站在一挺枪管发烫的机关枪旁边，端着一个杯子喝矿泉水并高兴地大声说："愤怒让你口渴！"

很大程度上归功于古德里安的愤怒，德国人封死了缺口。一个星期的时间，古德里安的部队迅速和有效地收紧了套在罗斯拉夫尔苏军脖子上的绞索，俘虏了3.8万余人。在接下来的两个星期里，在西南克里切夫和戈梅利，同样的包围圈又抓获了7.8万名战俘。

8月初，还有另外一场包围战在南面400英里乌克兰的乌曼城附近激烈展开。乌曼突然被南方集团军群老骑兵埃瓦尔德·冯·克莱斯特将军指挥的快速机动装甲

在乌克兰的尼科波尔，第1装甲集群司令冯·克莱斯特将军向归他指挥的匈牙利军的军官做指示。后来证明匈牙利对密切注意他们的长期敌人，罗马尼亚人——比同苏联人作战更感兴趣。

部队包围。克莱斯特骄傲的士兵在他们600辆坦克和其他车辆上漆上了一个巨大的字母K，而且至少许多坦克手比平常吃得饱：第16装甲师缴获了红军的一个储藏库，里面有100万个鸡蛋，后来该师的厨师们花了几个星期的时间变着法地烧做这些鸡蛋。

　　希特勒7月中旬改变了克莱斯特装甲部队原来的进

横扫大平原

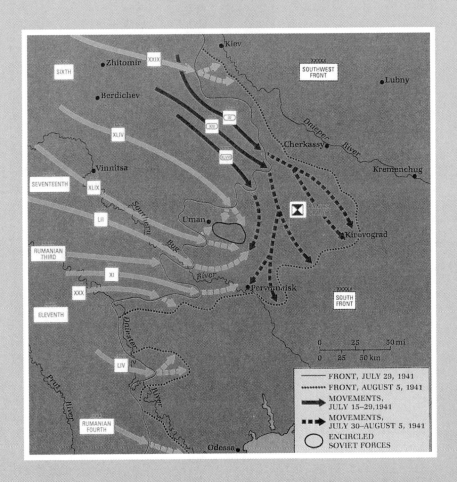

当克莱斯特的第1装甲集群包围基辅时，希特勒对南方集团军群未能勒紧套在撤退苏军脖上的绞索而感到越来越不耐烦。为了补救，他命令第1装甲集群改变方向，离开基辅向东南进攻，并在敌人部队后面切断它们，敌军正被从西面进攻的第6、7、11集团军追赶向第聂伯河后退。苏联人猜出了德国人的意图并顽强作战以避免被包围。但是在8月2日，第1装甲集群的先锋部队攻占了五一城并有效地切断了集中在乌曼附近大约20个苏军师的退路。接着步兵实施包围，6天后粉碎了最后的抵抗。这场胜利解放了南方集团军群，使之可以横行于整个西乌克兰并渡过第聂伯河向前推进。

攻目标基辅后，坦克纵队直插东南，深入到撤退至第聂伯河的苏军的后方区域。装甲部队横扫乌曼，转而向南推进，并切断了苏军的撤退路线。当装甲部队构筑了阻击阵地以打退来自东面的反击时，两个德国步兵集团军在乌曼会合以完成包围圈的剩余弧形防线。第6集团军从西北发动攻击，第7集团军从西面发动攻击。按照希特勒的紧急指示，这个包围圈要比明斯克和斯摩棱斯克包围圈紧密，后两个包围圈的巨大规模使它们变得漏洞很多。

德军第1山地师的一名机枪手掩护穿过收割后的田地对乌曼附近苏军发起的一次进攻。这支精锐的山地部队发现他们在平坦的乌克兰大平原上没有用武之地。

许多步兵部队不得不行军100英里或更多去抢占乌曼周围的阵地。白天，太阳和炎热折磨着他们；夜晚，他们被雨水淋得浑身湿透，雨水使被当作公路的泥土小道成为齐踝深的烂泥。乌曼西部，沿着布格河，苏军发动强有力的反攻企图摧毁第59山地军在布格河东面建立的桥头堡。

"苏联步兵乘坐卡车向前冲，"一名德国军官报告，

"试图使用人海战术一举摧垮德军的防线。他们的车辆像海浪一样一阵接一阵地发动进攻,步兵站在上面不停地射击。"接着,这名军官写道,德军前沿观察兵呼叫火炮开火——安装在Ⅲ型坦克底盘上的75毫米口径榴弹炮。"我看见一门榴弹炮,停下来开炮,在不到三分钟的时间击毁了大约18辆卡车组成的先锋攻击集团。开炮!直接命中。开炮!直接命中。开炮!开炮!开炮!如此种种。"

一门德军突击炮(前排)带领一纵队摩托化步兵前往包围乌曼。引导步兵的突击炮在进攻中遭受了重大损失,它们的炮组人员被说成享受"短暂而又有意义的生命"。

8月2日后战斗变得更加惨烈,这时第一支德国步兵徒步赶到同乌曼东南的装甲部队会合。现在包围苏军的包围圈完成了,但包围圈还有很多缺口和薄弱环节。当德军试图加强其包围圈时,苏联步兵和善于低伏在马鞍上的哥萨克骑兵组成的编队在包围圈里不断地猛扑向他们。

"伊万们积聚力量的速度令人难以置信,"一个德国人回忆,"天黑时情况不清的一小群苏联人第二天早上天一亮就成为严阵以待的一个营。然后，在最后一刻，传来他们战斗的呐喊，他们从薄雾中蜂拥冲出来，肩并着肩，一浪接一浪。我们一批批地射倒他们，但总是有更多的人像风暴一样冲上来。"

德军巡逻队冒着危险侦察包围圈。等待他们的是地雷和经过伪装的排满尖锐木桩的陷阱。苏联狙击手从树顶上瞄准他们射击，他们把自己绑在树干上以空出双手进行瞄准和射击。所有的苏联部队在白色浓雾的掩护下隐藏在洞穴里，浓雾是白天的热气接触被雨水浸透的冰冷地面形成的。

在8月第一个星期的残酷战斗期间，沿南部环形防线的德军山地部队疯狂地作战以击退苏军的进攻。包围圈里的苏联人把所有东西都投入到他们最后一次突围的尝试中：徒步的步兵，接着是骑兵，最后是坦克，后面跟着载满更多步兵的卡车。他们突入山地军防守的区域，山地军伤亡惨重，共损失了5000人。

苏军的反击暂时切断了第94山地炮兵团第9炮兵连的四门炮同支援步兵的联系。第9炮兵连疯狂地进行自卫还击——有时在如此近距离，他们仅用目测就连续开炮——这些炮组人员打退了苏军一次又一次的进攻。后来这些炮兵声称摧毁了1辆坦克、16门大炮和110辆卡车。在四天中，他们发射了1150发炮弹，超过了前年整个法国战役中该连所消耗的弹药。

乌曼周围地区尸横遍野。一名德国人记得那是"一个巨大的坟场"。另一个德国人回忆起烧成灰烬的苏军卡车："在一些车里，整排整排的苏联士兵坐在车板上并被烧成灰烬。司机们仍坐在卡车的驾驶盘旁，被烧黑成木炭，到处散发着燃烧尸体的可怕气味，一种恶臭甚至压倒了轮胎橡胶燃烧的气味。"

最重要的是，乌曼战场——像其他包围圈的战场一样——在8月的第二个星期中成为会集战俘的一个巨大栅栏。第59山地军的作战日记写道："战俘们八个一排前进，组成了一个不间断的纵队，这个纵队穿过地形起伏的农村延绵十多英里。"在乌曼，10.3万人成为战俘，像其他80万已经被德国俘虏的苏联人一样，他们面临一个极度痛苦的悲惨未来。甚至在投降前，他们中许多人已经被切断食物补给，而且几乎快饿死了。他们太虚弱，因而在前往后方的长途跋涉中无法幸存下来。他们的德国捕捉者从没想到会有如此惊人数量的战俘，而且没有准备提供食物和照顾他们。

那些非常强壮足以逃脱和重回他们自己防线的战俘发现他们被他们的政府抛弃了。苏联政府认为投降是一种政治上不可靠的标志。一名逃回来的战俘不被作为英雄对待，而是被当作叛徒枪毙或送往西伯利亚。为了进一步阻止投降，一项法律允许关押战俘的亲属。

8月底，乌曼战役后的三个星期，阿道夫·希特勒遇到了他的第一个苏联俘虏。他在本尼托·墨索里尼的陪同下飞往乌曼，墨索里尼是去视察最近刚加入南方集团军群的一个意大利师。希特勒同部队一起吃午餐，然后驱车前往一个挤满了估计7.4万战俘的旧造砖厂。元首视察了一处为了他的参观收拾整齐的集中营角落并同一名红军医生战俘进行交谈。这次经历似乎没有乘飞机返回给元首留下的印象深刻，在飞行中，墨索里尼作为一名业余飞行员坚持要驾驶希特勒的飞机。

在德国入侵部队的最左侧，北方集团军群的装甲先头部队在推进了近400英里后于7月中旬抵达卢加河。列宁格勒就位于东北70英里处，但是希特勒命令装甲部队在卢加暂停进攻。他想在对沙皇苏联历史悠久的首都发动最后一次进攻前，巩固他的战果。在埃里希·霍普纳的第4装甲集群的左侧，第18集团军需要时间从波罗的海国家爱沙尼亚和立陶宛清除红军的残余势力。在右侧，第16集团军仍在奋力前进以追赶上霍普纳的装甲部队，并且保持同中央集团军群左翼的联系。

从一开始，北方的地形就阻止了德军的挺进。装甲部队遇到一个江河、湖泊和沼泽交织的地形；辽阔的松散沙地和茂密的森林交替出现。结果，德国坦克已经无法执行可怕的突破、包围和铁钳行动，这些行动在前线的其他地方网住了大量的苏联战俘。当通往列宁格勒的进攻道路缩窄到介于贝帕斯湖和伊尔门湖之间时，情况变得更加糟糕。列宁格勒本身，位于芬兰湾和拉多加湖之间30英里宽的卡累利阿地峡上，建造在低沼泽地

　　一个德军行刑队杀死 6 名苏联游击队员，他们已经挖好了自己的坟墓。在审问中一些游击队员受到折磨，许多人被当众绞死以恐吓其他人停止抵抗。

100 多个岛上。

在这个防区右翼的第 56 装甲军，不得不艰难地拖拉深深陷入腐土和其他障碍物中的车辆。地图上没有标明的水流出现了；桥梁在坦克的重压下没有任何迹象就倒塌了。直到在卢加河边被要求暂停进攻时，这里的地形完全使该军的指挥官埃里希·冯·曼施坦因失去了信心，他提议所有的装甲部队从北方撤出，转而派往中部战线进攻莫斯科。

也许是曼施坦因对希特勒战术的厌恶促使他提出这个建议。德军的装甲部队沿卢加河分散在 75 英里长的一条战线上。曼施坦因的军队靠近卢加城，而乔治－汉斯·莱因哈特的第 41 装甲军更靠近波罗的海，在纳腊附近。曼施坦因和莱因哈特都支持集中兵力，这是"闪电战"的基本原则之一。他们都还清楚地记得曼施坦因的装甲部队在沼泽地带被暂时切断了补给线，这是因为部署命令使他们距右翼太远。但是希特勒坚持从右面或是从东南面包围列宁格勒，而不是从左面，以便包围更多的撤退敌军。

对于曼施坦因和其他北方前线司令官的好消息是，尽管狼穴混乱和犹豫不决，但是希特勒没有丧失任何占领列宁格勒的欲望。他认为这个城市至关重要——在战略上，它是苏联波罗的海舰队的基地，在政治上，它是列宁发动布尔什维克革命的地方。7 月晚些时候，元首视察了北方集团军群威廉·里特·冯·李布元帅的司令部，并且承诺加强对列宁格勒的最后攻势：从中央集团军群调拨大量的飞机和坦克，还有会得到芬兰部队的援助，芬兰部队将从北面和东面包围列宁格勒。

8 月 8 日德军恢复了对列宁格勒的进攻。在左翼，莱因哈特的第 41 装甲军从它的桥头堡进攻但旋即遭到坚决的抵抗。红军已经利用三个星期的平静时间在卢加低地建造了野战堡垒并得到增援，一些增援部队完全是在德国人的视野下从火车上下来的。由于得到加强，苏联人使德国人在进攻的第一天遭受了严重伤亡。莱因哈特曾认真地考虑中止他的攻势，但是第二天德军的进攻获得增援。莱因哈特的一个装甲师突破了卢加防线并向前快速挺进了30英里，而其他部队穿过突破口紧随其后。

到 8 月 15 日，通往列宁格勒的道路已经被莱因哈特的先头部队清除干净。几十辆巨大笨重的新型苏联 KV 坦克杂乱地丢在战场上，其中一些坦克的乘员是妇女和工厂的平民检查员。莱因哈特装甲部队存在的唯一威胁目前在他的左翼，苏军正从爱沙尼亚撤向列宁格勒。为了保护左翼，李布同意从停滞在卢加附近曼施坦因的装甲部队中调拨一个摩托化师。

丝毫没有感到奇怪，曼施坦因的进攻失败了——他既没有坦克也没有其他什么东西。他精锐的第 8 装甲师不可理解地被调走，派往后方消灭游击队的活动。"一个角色，"曼施坦因后来写道，"对于它来说不仅远远没有价值而且非常不合适。"该集团军两支摩托化步兵部队之一的党卫队髑髅师已经被派往支援第16集团军。现在另外一支摩托化部队第3摩托化步兵师前往增援莱因哈特，只给曼施坦因留下两个常规步兵师进攻卢加防线。由于攻击力量大大地削弱，曼施坦因没有取得任何进展。接力棒递给了莱因哈特，他快速向东北方的目标挺进。

就在占领列宁格勒看起来即将实现时，一个非常危险的新危机突然出现在北方集团军群的远右翼。来自东南的进攻，一个由八个配备骑兵和坦克的步兵师组成的苏联集团军迅猛地冲入北方集团军群和中央集团军群分叉进攻路线所造成的宽广缺口。在这个地区的伊尔门湖南部，苏军攻入第16集团军第10军的右翼，第10军刚刚攻占旧鲁萨，并向洛瓦特河推进。尽管苏军的攻势位于莱因哈特先头部队东南150多英里的地方，苏联前线指挥官克里门特·伏罗希洛夫元帅仍然希望削弱德军对列宁格勒的进攻。他想消灭第10军的三个师，然后向西攻击切断装甲部队的补给线。

苏军精心策划的进攻促使德国人向北迅速派遣早已答应的从中央集团军群抽调的增援部队——赫特第3装甲集群的39装甲军。但是唯一迅速阻止伏罗希洛夫的希望是曼施坦因被拆散的装甲军，8月15日晚下令装甲军前往救援。第二天，曼施坦因仅同他的司令部直属部队迅速向东南攻击。但是，该军的其他部队快速集结起来：第3摩托化步兵师掉转方向向东南挺进，党卫队

在 8 月攻打列宁格勒期间，德国炮兵骑马穿过燃烧的基塞普城。入侵部队 80％ 的运输依赖老式的马力。

师急速扑向缺口。

曼施坦因的装甲军重新集结起来时，他准备给苏军的侧翼闪电进攻还以颜色。在接下来的两天里，他悄悄地将部队向东调动。8 月 19 日早上，当苏联人面对北方，威胁要将第 10 军的三个师赶进伊尔门湖里时，他开始攻击敌人暴露的侧翼。突然的进攻令苏军惊慌失措。由于曼施坦因从西面的攻击和第 10 军从北面的反击，苏联人的阵形崩溃了。在接下来的三天中，曼施坦因的摩托化步兵师把苏军向东驱赶过洛瓦特河，因为沙路对卡车来说太软了，所以很多路程德军是徒步追击的。

曼施坦因的出色攻击抓获了 1.2 万名俘虏，缴获了 141 辆坦克，而且第一个喀秋莎火箭发射架落到了德国人手里。"当我特别急切地让人把后者撤走时，"曼施坦因写道，"我异常愤怒地发现它不能移动，因为有人擅自把轮胎拆掉了！破坏者不是别人，正是我的助手尼曼少校，他发现这些轮胎适合我们自己的指挥拖车。当被告知交出轮胎重新装配时，他看上去有些垂头丧气。"曼施坦因自己也忍不住对他不同寻常的战利品和挫败伏罗希洛夫鲁莽行动的荣耀感到满意，因为他将不再加入莱因哈特装甲部队对列宁格勒的进攻。伏罗希洛夫几乎马上将三个新集团军投入洛瓦特河的阵地，而曼施坦因的军和两个步兵军不得不留下来以阻止苏军任何新的进攻企图。

与此同时，在北方，越过伊尔门湖远处湖岸，德军第 16 集团军的一部分展开战斗以切断通往列宁格勒的至关重要的交通联系。战斗开始时，由第 21 步兵师突前的第 1 军绕过湖西岸并向建于公元 9 世纪的历史名城诺夫哥罗德进军。诺夫哥罗德重兵把守，但是在获得一些来自敌人的幸运帮助后，德军迅速占领了该城：一个被第 45 步兵团侦察分队活捉的对政府不满的红军军官，

北向列宁格勒

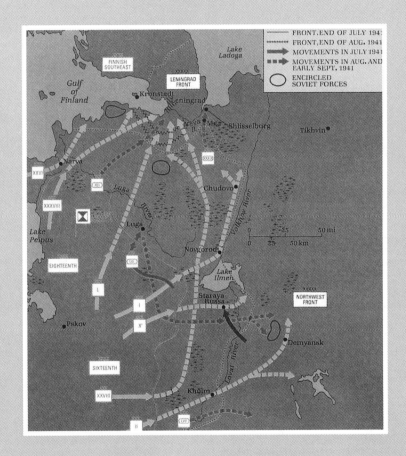

到 7 月中前，莱因哈特的第 51 装甲军已经抵达列宁格勒西南 70 英里的卢加，列宁格勒似乎即将陷落。但是为了抓获更多的战俘，希特勒希望右翼发起主攻。三个星期的时间，莱因哈特原地不动，而北方集团军群的其他部队向前进攻，装甲部队的指挥官们徒劳地要求在左翼集中他们的装甲部队。8 月 8 日，德军最终开始进攻。在莱因哈特军暂停攻击期间，一条防线已经建立起来，但是第二天守军就溃败了，德军快速向列宁格勒挺进。

曼施坦因的第 56 装甲军在右翼陷入困境，因为它已经脱离了机动部队。8 月 15 日，曼施坦因收回两个师。在伊尔门湖，他粉碎了对第 16 集团军侧翼的进攻。与此同时，北方集团军群的大部队正接近列宁格勒——莱因哈特的装甲军、来自西南的第 18 集团军和来自东南的第 16 集团军。在 9 月的第二个星期中，他们攻破列宁格勒的外围防线并切断了它同外界的最后陆上联系。

提供了该城的防守据点和雷区的分布图。

从诺夫哥罗德，德国步兵沿距重要铁路枢纽丘多沃45英里的沃尔霍夫河向北推进。这个城市不仅是莫斯科和列宁格勒之间铁路的一个重要枢纽，而且还是从摩尔曼斯克南下铁路的终点站，摩尔曼斯克是北冰洋的不冻港，美国和英国援助的坦克、弹药和其他物资将开始迅速运抵那里。在丘多沃枢纽，装满武器和物资的火车能够发往西北60英里的列宁格勒，或者发往东南沿整个苏军防线分发。8月20日，德军步兵攻占了丘多沃南部沃尔霍夫河上的公路和铁路桥，五天后又攻占了该城。

上图，德国空军发动一次空袭后，从列宁格勒工业区冒出的烟雾遮住了圣伊萨克教堂的圆顶。下页右图，一个德军海岸炮兵连的炮组人员在向喀琅施塔得的苏军海岛要塞发射白炮炮弹时，堵住他们的耳朵。

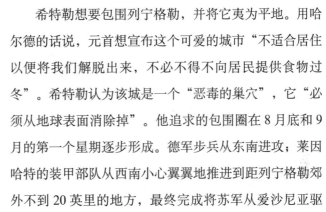

　　希特勒想要包围列宁格勒，并将它夷为平地。用哈尔德的话说，元首想宣布这个可爱的城市"不适合居住以便将我们解脱出来，不必不得不向居民提供食物过冬"。希特勒认为该城是一个"恶毒的巢穴"，它"必须从地球表面消除掉"。他追求的包围圈在8月底和9月的第一个星期逐步形成。德军步兵从东南进攻；莱因哈特的装甲部队从西南小心翼翼地推进到距列宁格勒郊外不到20英里的地方，最终完成将苏军从爱沙尼亚驱逐出去任务的第18集团军推进到莱因哈特的左翼。

　　同时，通往列宁格勒的北部狭窄通道已经被芬兰部队封锁了。7月期间，芬兰部队攻击了拉多加湖的两侧并快速向前推进。但是，令希特勒惊恐万状的是，芬兰部队一俟重新夺得冬季战争期间割让给苏联的领土，就停止进攻并转为防御。尽管在卡累利阿地峡的芬兰部队已经插入到距列宁格勒北部边缘不到30英里的地方，但是不管德国的压力和恳求如何，芬兰部队不再进一步越过他们的旧边界。

　　9月4日，德国远程火炮开始猛

烈轰炸列宁格勒郊区，在年底以前共发动了 30154 次炮轰。9 月 6 日晚，德国空军的轰炸机加入了进攻。两个晚上后他们又飞回来扔下了上千发燃烧弹，燃烧弹点燃了占地四英亩的木质结构综合仓库——巴德耶夫仓库，这个仓库储存了列宁格勒大量的食物。地板和油脂熊熊燃烧，为德军后续几轮轰炸机照亮了天空。列宁格勒全部糖的储备——2500 吨——熔化了而且流进旁边的酒窖，在那里它凝固成硬糖果一样的东西。

德国空军获得了列宁格勒的制空权。当苏联将军朱可夫乘飞机到达欲指挥列宁格勒的防御时，两架梅塞施米特战斗机在他的飞机下降时尾随追踪。朱可夫，作为总参谋长制定了苏联整体防御战略，7 月在一次关于怎样才能更佳地保卫乌克兰的争论中他被斯大林解职了。现在斯大林派他来拯救列宁格勒。

朱可夫发现城市处于包围中。一支装备短枪和莫洛托夫鸡尾酒——带引信的汽油瓶——的工人民兵组织已经动员起来以便在城市和周围地区增加近 40 个常规师。来自列宁格勒 300 万人民中的男人、妇女和小孩投入劳动修建两个同心的钢筋水泥弧形防线、反坦克壕沟和其他掩护列宁格勒南部通道的堡垒。

9 月 8 日和 9 日，德军向宽阔前线的这些堡垒发动进攻。在中部，由莱因哈特第 41 装甲军支援的摩托化步兵发动突击。在发出尖叫声的施图卡俯冲轰炸机的掩护下，这些步兵徒步突破距列宁格勒市中心 25 英里的外围防线，他们胡乱射击，猛投手榴弹并且将火焰喷射器的燃烧火舌喷入敌人碉堡的缝隙里。

9月10日早上，突击营遇到了距市中心只有15英里的可怕的内层防线。稳固这条防线的是杜德霍夫高地，沙皇曾在这个历史上著名的高地观看过御林军团演习。德国人在攻击混凝土碉堡、相互连接的战壕和布满大型海军火炮的掩蔽炮兵阵地组成的火网中，每前进一码都要付出代价——苏联的重型KV－1和KV－2坦克进一步加强了防御力量，这些坦克刚从工厂出来甚至外表的漆还没涂完。

德军攻击纵队的右侧出现了危机。第6装甲师向前突入得太远，侧翼受到苏军的反攻。在接下来的几个小时内，这个师遭受重大伤亡，包括四个连续接任的指挥官。莱因哈特调第1装甲师支援第6装甲师，天黑前，德军步兵成功地攻占杜德霍夫山岭两个主高地之一——143高地。在高地的东部，第1装甲师的坦克在德军战线前布好阵势并击退了苏军一夜的反攻，夜空被钠灯的恐怖灯光和燃烧的汽油照得如同白昼。

9月11日破晓，第1装甲师发动进攻欲攻占敌军防御网里的另一个主要高地。这是167高地，鉴于山头树木稀疏，德国人称之为秃头高地。这个师的摩托化步兵乘坐装甲运兵车发起进攻。一个排的工兵在一个很深的反坦克壕沟上用木梁和厚板搭桥，装甲运兵车和坦克迅速通过向前进攻。德国空军联络官同他们在一起，用无线电指引施图卡轰炸机空中打击的目标。当苏军山腰的海战火炮开始轰鸣时，德军工兵在坦克的炮火掩护下冲上炮台，在肉搏战中消灭了敌人的炮手。

上午 11 点半，师指挥部无意中听到正在等待的无线电信号。参谋人员感到异常兴奋，并且还暗自窃笑，这是秃头高地上的一个年轻坦克军官发给营长的充满浪漫主义色彩的电文："我能够看到圣彼得堡和大海。"他报告，他用的是这个城市以前的名字。距列宁格勒市中心不到 15 英里，几乎就在这名深感敬畏中尉的脚下，他站在 167 高地的山顶上，俯瞰历史悠久的塔尖和圆屋顶。

三天前，德军已经占领了列宁格勒东部另一个重要目标。史利兹堡镇是拉多加湖西北角的门户，从这里开始涅瓦河向西 25 英里流向列宁格勒和波罗的海。239年前，彼得大帝在这里同瑞典人交战，赢得了俄罗斯通向波罗的海的入海口。为了保卫这个入海口，他建造了圣彼得堡。同时，史利兹堡没有辜负它的名字，"主要堡垒"：它扼守着拉多加湖和芬兰湾之间的水道以及通往列宁格勒狭窄地峡的东部通道。

史利兹堡于 9 月 8 日落到了第 20 摩托化步兵师的手里，这个师是刚从中央集团军群调来的第 39 装甲军的一部分。这个镇的被占领标志着德军完成了对列宁格勒的封锁。现在列宁格勒与苏联其余部分的唯一联系——最一般的意义来说，它的生命线——是从西北方向穿过地峡并从那里穿过湖。攻占列宁格勒的时机已经成熟了。

当希特勒的北方集团军群包围列宁格勒时，他对于进一步进攻南方的重点目标犹豫不决。后来曼施坦因把希特勒的行为描绘成"所有这些摇摆不定"是德国军方的主要将领施加的压力，也许还有他的疾病促成的。希特勒患有痢疾，这种病在他东普鲁士总部的沼泽环境里是很常见的，他虚弱的健康状况也许有助于解释影响战场进展的优柔寡断。

到7月晚些时候已经很清楚，德国陆军缺少同时达成北方、南方和中央战略目标的人员和物资。同敌人的作战、长距离行动和持续不断的灰尘每天都在折磨中央

第126步兵师的士兵们在史利兹堡的涅瓦河巡逻。由于占领了史利兹堡，德军切断了列宁格勒和苏联其他地区之间最后的陆路通道。

集团军群的装甲部队。塞满沙子的引擎用油量是平常的两倍，而且报废比预期时间快得多。到 8 月初，古德里安恳求得到补充。他的装甲集群入侵开始时拥有近 1000 辆坦克，现在剩下的每四辆坦克里只有一辆还能够作战。希特勒没有提供一辆新坦克。取而代之，他答应送 300 个新坦克引擎，但是这次分配不得不满足全部前线的需求。

仅仅把发动机和其他增援物资运往前线就意味着一种挑战。苏联被占领国土的铁路正在被缓慢地改成较窄的欧洲轨距，所以绝大部分集团军的需求不得不依靠卡车进行漫长距离运输——中部战线超过 400 英里。大约三辆卡车就有一辆永远完不成任务，反而成为机械故障或不断威胁德军后方的小股苏联游击队和红军掉队士兵伏击的牺牲品。

战场伤亡的补充人员也越来越短缺。到 8 月下旬，经过十个星期的战斗后，德军总共损失了 44 万人，而大约只有这个数字一半的人到来补充空缺。当侵略部队减少时，红军却在扩大——尽管伤亡了近 200 万人，其中近一半是战俘。苏联人有幸可以征集到 530 万预备人员，他们在祖国遭到入侵后被迅速动员起来。"在战争开始时，我们计算敌人有近 200 个师，"哈尔德在 8 月 11 日的日记里写道，表现出明显的苦恼，"现在我们已经计算他们有 360 个师。如果我们消灭一打师，那么苏联人就会再增加 12 个师。"

德国步兵作战服（前后展示）包括一个 1935 年式样钢盔、野战上衣和裤子。1935 年式样紧身短上衣保留了和平时期军服的暗绿色衣领和徽章。士兵在左臀部上带着一个铁锹和防毒面具（底图）。

步兵的
战斗用具

"步兵付出最大的代价，"一名德军二等兵痛苦地诉说，"当我们不作战时，我们行军，有时一天走 50 英里，沿着压出深深车辙的道路，穿过一块块松软沙地和云雾般的灰尘，一直向东前进。"那些默默无闻的步兵——整整 117 个师——形成了阿道夫·希特勒东征布尔什维克苏联的坚强支柱。不同于他们的机械化部队战友，200 万步兵自己吃力地背负着他们所有的装备——作战装备、武器、工具以及特殊服装。

除了一些装备外，比如伪装掩蔽营房和改进的防毒面具，自从 20 世纪开始，德国步兵的装备没有发生任何变化。他仍然穿着传统的优质小牛皮长筒靴，战斗时使用一把经过改装的 1898 年产的来复枪。

1941 年德国步兵背负 50 多磅的装备，最高时还要加上口粮、储备弹药以及机枪和迫击炮的部件。行军中的士兵很快丢弃了无关紧要或不想要的东西，比如餐具、士兵鞋和大衣，或者把这些东西留给团运输队。可是，他们的背包、衣袋和面包袋装满了下面几页展示的小件必需品和食物。

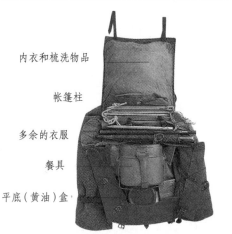

内衣和梳洗物品

帐篷柱

多余的衣服

餐具

平底(黄油)盒

伊斯比特折叠炉和盒子

燃料片

勺和叉

兴登堡蜡烛

巧克力糖

在野外，士兵依靠一个粗帆布和皮革背包，里面携带有他个人的用具和另外的衣服。战前条例规定了背包里的东西应该如何安排，像这几页图示的物品，就是允许士兵留有余地以便根据他们所处的环境携带用品。他们在背包外面捆扎一件大衣或是一个毯子，还有类似连队的斧子或铁锹这样的特殊装备。由于他们背包坚硬的木框限制了里面能够塞进物品的数量，所以随着战争的继续，越来越多的士兵肩背撑大的帆布背包。

枪口罩

步枪清洗盒

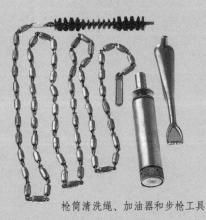

枪筒清洗绳、加油器和步枪工具

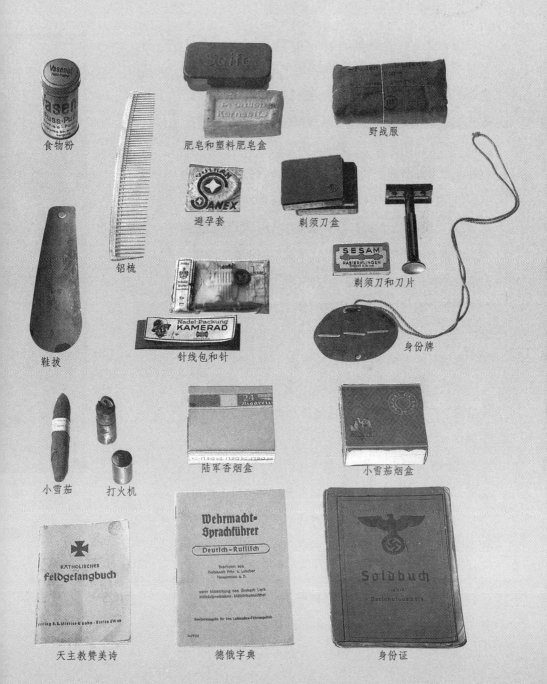

食物粉　　肥皂和塑料肥皂盒　　野战服

避孕套　　剃须刀盒

铝梳　　剃须刀和刀片

鞋拔　　针线包和针　　身份牌

小雪茄　　打火机　　陆军香烟盒　　小雪茄烟盒

天主教赞美诗　　德俄字典　　身份证

哈尔德仍然向元首施压以重新恢复中部战线的攻势。8 月 18 日，他和他的上级陆军总司令瓦尔特·冯·布劳希奇写信给希特勒，强烈要求他恢复对莫斯科的攻势。8 月 21 日，希特勒对他不顺从的司令官们做出了回答。他命令中央集团军群（已经向北方派出了两个装甲军）现在向南方派遣部队以尽快占领乌克兰。第一个目标是基辅市，在 7 月份希特勒曾禁止他的装甲部队占领该城。如果这一切还不足以激怒哈尔德和布劳希奇，那么几小时后元首送给他们一个备忘录，里面通篇不点名地批评一些指挥官，说他们受到"个人欲望"的驱使，而且他们的思想"受过时理论的影响而僵化"。愤怒的哈尔德建议他们两人辞职，但是布劳希奇拒绝了，他认为"这不现实而且于事无补"。

在最后企图恢复进攻莫斯科计划的努力中，哈尔德于 8 月 23 日飞往明斯克附近的中央集团军群司令部。他建议集中在那里的指挥官中派一个人去见元首，作为刚从战场下来的将军发言，最后恳请进攻莫斯科。古德里安是当然人选。这位坦率的装甲部队司令是希特勒最喜欢的将军之一，尽管他喜欢为战略问题而争论并且生性傲慢，这时常造成他不服从命令。作为莫斯科战略的支持者，他已经命令他的参谋人员准备进攻苏联首都，尽管希特勒已经拒绝了将莫斯科作为首要目标。他利用每一个机会为这个计划游说，甚至希特勒到来给古德里安颁发橡树叶骑士十字勋章时，德国军队只有另外四个

在罗斯拉夫尔取得胜利后，古德里安的第2装甲集群的装甲运兵车向南开进参加基辅包围战。由于机动性好和火力强大，摩托化步兵以德军的秘密武器而闻名。

人得过这个勋章，还一个劲地游说希特勒的助手。古德里安，曾竭力地保护他自己的指挥权，现在同莫斯科战略有更大的利益关系。希特勒的新计划要求拆开古德里安的第2装甲集群：一部分向乌克兰挺进，其余部分仍留在中部战线。这位坦克将军想让他的指挥权不受损害。

哈尔德一刻也不耽误地安排古德里安会见希特勒。将军立刻飞往狼穴，当天晚上他受到了热情接待。希特勒耐心地听古德里安陈述现在很熟悉的情况。"莫斯科的陷落将决定这场战争。"古德里安争辩说，转向进攻250英里外的基辅对他消耗殆尽的装甲部队来说太远了，而且可能使将来倒转进攻方向并在冬季到来之前占领莫斯科成为不可能。然后希特勒站了起来，向古德里安讲解控制乌克兰的经济利益。"我的将军们，"元首责骂道，"对于战争的经济方面的问题一窍不通。"古德里安未能说服元首，决定尽他所能在会谈中挽回一些损失。"我请求元首不要拆开我的装甲集群，既然有这个打算，还不如将整个装甲集群投入这次作战行动。这样能够在秋雨到来之前迅速赢得胜利。"这个要求被批准了。

这个结果令哈尔德痛苦失望。他暗中希望扣住部分古德里安的装甲部队并将他们投入对莫斯科的最后进攻中。他认为希特勒同意完整保持第2装甲集群只不过是一种收买以诱使古德里安同意基辅作战行动。哈尔德指责坦克司令背叛。"令我惊讶的是，"古德里安写道，"他精神完全失常，竟出言不逊，做了完全没有根据的指责和诋毁。"哈尔德的计划产生了事与愿违的结果，然而，他后来赢得了一个小胜利，他设法成功地留住斯摩棱斯克附近古德里安的预备部队第56装甲军，而装甲集群的其余部队向南方的基辅推进。

由于新的战役在乌克兰核心地带进行，德国人计划在另一个巨大的包围圈里包围100万苏军，这次是在基辅附近。南方集团军群的一小部分——第11集团军以及它的罗马尼亚盟军——被安排向东南挺进执行向黑海和克里米亚进攻的独立任务，而所有其他部队将加入包围作战。第6集团军从西面向基辅推进。已经位于基辅东南的强大部队——克莱斯特的第1装甲集群，由第17集团军支援——将向北攻击。剩下的钳形攻势将由向南挺进的中央集团军群的部队来完成——第2装甲集群的两个军，右翼由第2集团军的一部分部队掩护。

8月25日一个炎热的夏日，古德里安开始向南发动进攻。满天的灰尘落在饰有巨大白色字母G的车辆上。为确保斯摩棱斯克南部德军侧翼安全的前期作战已经使古德里安的先头部队行进到了距终点基辅东部将近一半的地方。第3装甲师的先头坦克当天前进了60英里，夜幕降临时他们到达了第一个目的地：基辅东北大约150英里诺沃格勒塞沃斯基的杰斯纳河。河面宽600多码，两岸是300码高的陡峭悬崖。为了过河，德军必须阻止守军炸毁一条750码长的木桥。

第二天一早，精神饱满、足智多谋的师指挥官瓦尔特·莫德尔少将派出一小股战斗部队向城市和杰斯纳河进发。这支部队包括第6装甲团的一支坦克分遣队和一队载着工兵的装甲运兵车，由斯托克中尉指挥。突击部队刚出发不久，从杰斯纳河行人桥方向传来一声巨大的爆炸声，这表明苏联人已经开始爆破。工兵们迅速冲进诺沃格勒塞沃斯基，混入罩着厚厚一层灰

在德军包围战开始前，苏联基辅守军司令官米哈伊尔·基尔波诺斯大将（右）同一名手下军官散步。9月20日基尔波诺斯牺牲了，当时他和他的参谋试图冲出包围圈。

尘的苏军撤退车队中，并快速向杰斯纳河前进。他们发现主桥还屹立在那里。五名德军士兵制伏了警卫并冲向桥墩，在那里炸药的导线已经绑在栏杆上，这些人扯掉导线并把炸药推进河里。桥的中央放着一个空投炸弹，定时器发出嘀嗒声。斯托克检查了机械装置，然后沉着冷静地拆除了雷管。工兵们把报废的炸弹扔

基辅的巨大包围圈

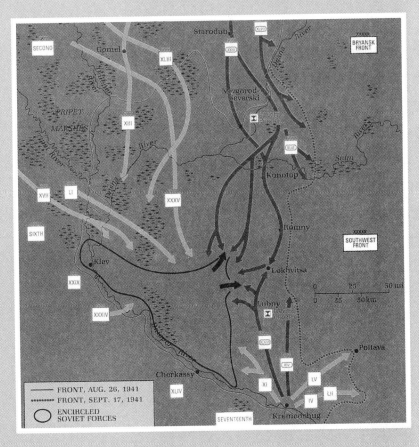

8月的最后几个星期中，希特勒最后下达命令，许多将军都很担忧，命令将把中央集团军群的装甲部队从莫斯科调走。8月23日，古德里安的第2装甲集群，其右翼由第2集团军掩护，被命令继续向南进入乌克兰，在那里将同克莱斯特的装甲部队会合并包围基辅附近的苏军。苏军希望古德里安转向东面，当该装甲集群向南推进时苏军只能争夺河流交叉口和骚扰它的侧翼。古德里安9月10日攻占罗姆内。两天后，克莱斯特的第1装甲集群冲出它在第聂伯河边克烈缅楚格的桥头堡并向北快速挺进。当先头部队快速前往基辅东部指定集结地点时，第6集团军从东边牵制苏军，而第2集团军从北边袭击苏军。9月14日，古德里安与克莱斯特在洛科维特萨附近会合，合拢了包围圈，里面有超过50万的敌军。

109

到一边，冲向了对岸。他们点着火把清楚地向在西岸待命的装甲特遣部队发出信号。

苏军军官也看到了火把并向桥派出了爆破小队。苏联工兵们在桥下徒步疾行并带着汽油罐、莫洛托夫鸡尾酒和炸药包爬上桥梁。一阵奇袭已经在等待他们。当绝大多数德军坦克一直在西岸顶提供掩护时，布奇特克里奇中尉指挥的一辆坦克已经冲下河岸并在桥下停住以阻止任何炸桥的企图。布奇特克里奇处在非常好的位置，他的机关枪手扫倒了苏军爆破小队。由于莫德尔的预见和工兵的神速，他的装甲先头部队不到一个小时就开过了这座桥。

古德里安疾速前进以拓宽和加深杰斯纳河对岸的桥头堡。一个装甲师和一支摩托化步兵师在诺沃格勒－塞沃斯基渡河以加强莫德尔的第3装甲师，但苏联人的抵抗非常顽强。下游15英里，第10摩托化师被猛烈的攻击从东岸的立足点赶了回去。一场大灾难之所以能够在最后被避免，古德里安写道，全亏了"派出这个师的最后一部分士兵，在这种情形下就是野战面包连"。

这场古德里安形容为一场"血腥拳击赛"的残酷战斗就在杰斯纳河不远的地带激战了一个星期。在这期间，这位坦克司令还同他的上级进行了一场舌战，他们企图收回哈尔德一直留在后面的那个军。古德里安痛斥哈尔德和集团军群司令鲍克，要求归还第56装甲军以支撑他在杰斯纳河已设防的突出部。

　　到现在鲍克已经受够了古德里安频繁的请求和抗议并想撤掉他。但是，哈尔德拒绝接受，尽管他依然对古德里安同意参加希特勒的乌克兰战役感到愤怒。哈尔德写信给他一个下属，"古德里安同意这项任务，现在就让他执行吧"。最终，8月底，哈尔德和鲍克开始慢慢地派出一些古德里安的部队，古德里安嘲讽地称之为"一滴接一滴的增援方式"。

　　现在确保得到大约一半他失去控制的军队，9月3日古德里安再次获得一些好运。从一架被击落的苏军飞机上缴获的一张地图，发现他们正面苏军的两个集团军之间存在一个薄弱环节。莫德尔的装甲部队发现了这个缺口，于第二天从桥头堡发起突击。在杰斯纳河经过八天的对峙后，古德里安的装甲部队再次向前攻击。9月7日，他们越过塞姆河。三天后，他们占领基辅东部100英里的罗姆涅村，并顺利地在敌军后方乌克兰首府周围集结兵力。

　　铁钳已准备关闭。大约南部120英里，另一支铁钳，克莱斯特的第1装甲集群，正准备向北进攻同古德里安会合。9月12日，克莱斯特的坦克从第17集团军在第聂伯河北岸克列缅丘格建立的桥头堡发起进攻。激战穿过敌人的防线以及古德里安称之的"泥运河"，克莱斯特的师越过绵延起伏的大平原呈扇形展开并向北攻击，第一天前进了大约40英里。

　　时刻关注敌人最新行动的斯大林在两个问题上做出

了错误估计。首先，他一直肯定地认为向南部运动的古德里安的进攻目标不是基辅而是莫斯科，并且仅仅是想从侧翼包围部署在首都前面的苏军。然后，9月13日，形势已经明朗，德军的大口在基辅附近准备合拢时，斯大林拒绝批准战地司令官撤退的要求。"一步也不能后

熏烧的废墟和阵亡士兵的尸体证明了基辅遭受的毁灭性打击。到9月25日停止射击的时候，在一场保卫乌克兰首府的

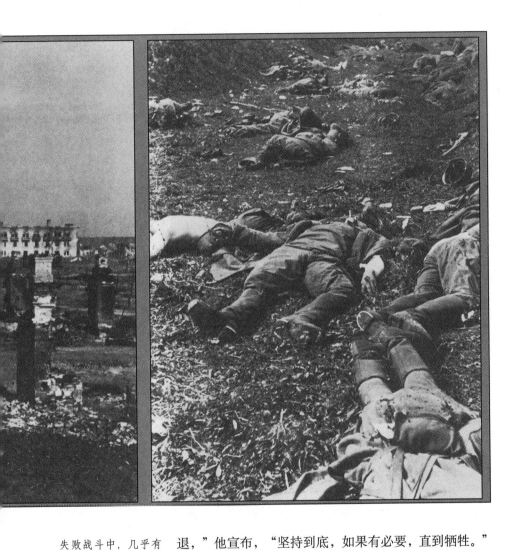

失败战斗中，几乎有100万苏军牺牲、负伤或被俘。

退，"他宣布，"坚持到底，如果有必要，直到牺牲。"

按照朱可夫最初制定的防御战略，斯大林准备大批地牺牲一些部队以换取时间完成战略预备部队在莫斯科周围的部署。但是在这种情形下，甚至连朱可夫也不同意。几个星期前，朱可夫敦促放弃基辅，预计无法承受在基辅的损失并且强烈要求解除他总参谋长的职务。现在，当朱可夫竭力修补在列宁格勒的残破防线时，基辅附近成千上万的红军士兵也不执行命令。他们没有组织地成群结队向东溃退，在他们后方德军集结的机动防线中寻找缺口。

对于他们中绝大部分人来说，这已经太迟了。9月14日晚6点刚过，莫德尔第3装甲师的一支作战部队同克莱斯特一个师的一支工兵特遣队在洛科维萨村附近会合，这些部队一直在一架德军侦察机的指引下前往指定会合地点。莫德尔突击部队只有10辆坦克——其中6辆是轻型Ⅱ型坦克。这是第6装甲团正常编制150多辆坦克最后剩余的全部坦克；其他坦克不是陷入泥潭，就是出现机械故障，或是在这次决定性的会合前在一所乌克兰学校附近进行的一场惨烈战斗中被敌人摧毁。

基辅包围圈在战争中是史无前例的。在开始压缩被包围在里面的苏军前，这个包围圈直径大约是130英里。截止到9月18日莫斯科下达为时已晚的撤退命令时，也即是装甲部队会合后四天，这个包围圈已经退化为一口混乱和屠杀的大锅。被包围的苏军疯狂地寻找突围之路，"就像台球一样在包围圈内乱撞"，哈尔德在日记里写道。斯大林要求战斗到底的录音讲话从挂在树上的扩音喇叭里高声播出，基辅还是于9月19日落在第6集团军步兵的手里。第二天，苏军司令米哈伊尔·基尔波诺斯大将注意到这个消息，并在试图突围的过程中牺牲了。

　　一个星期后，基辅周围苏军的抵抗崩溃了。在一次战役中从来没有一支部队遭受如此惨重的失败。在为期一个月的基辅战役中，德军宣布缴获 884 辆坦克和其他装甲车辆、3718 门大炮以及总数令人窒息的 665212 名战俘。总之，红军损失了近 100 万人——死、伤、俘，或者失踪。

　　希特勒称基辅之战是"历史上最伟大的战斗"，但是古德里安疲惫的装甲部队没有时间品尝他们的胜利。他们重新几乎马上编队执行一个代号为"台风行动"的新任务。早在 9 月 6 日，当基辅的结局还存在疑问时，希特勒再次改变主意并下令恢复长期拖延的进攻莫斯科的计划。在可怕的苏联冬季到来前必须占领莫斯科，意味着将没有剩余士兵或装备以及没有足够的补充物资提供给德国入侵部队，到 9 月底德军的伤亡已经超过 16%。

　　经过希特勒和他的最高统帅部两个月的犹豫不决后，在辽阔侧翼进行的战争突然降到了次要位置。从基辅，南方集团军群将单独推进入侵克里米亚和顿涅茨工业地区。北方集团军群将把它绝大部分装甲部队转给中央集团军群，将包围列宁格勒的任务交给步兵。"直到这样一个时候，"哈尔德在日记里写道，"饥饿成为我们的盟友并发生作用。"其他每个人将走向古德里安一直怀着狂热的期望指出的"通向莫斯科的公路"。

　　从被占领基辅高处的一个钟楼上，德国士兵看着第聂伯河东岸一座俄罗斯东正教修道院的塔尖。进入基辅时，德军发现并解除了一万枚留下来的地雷，这些地雷作为陷阱埋放在教堂、博物馆、商店和房屋里。

一个象征死亡
的伟大的城市

列宁格勒，前沙皇首都圣彼得堡，在许多方面是这个国家最重要的城市。这个彼得大帝打开的"西方的窗口"是一个主要海港以及商业和文化中心。由于它是1917年布尔什维克革命的熔炉，希特勒憎恶这个地方；他决定封锁列宁格勒并要里面的平民饿死，这使300万人陷入人类历史上一次最漫长、最痛苦的包围之中。将近一半的城市市民死亡，绝大多数死于1941年10月至1942年4月的严寒岁月中。用一个列宁格勒人的话说，那些活下来的人成为"活着的死尸"，生活在一个慢动作的幻觉世界里。"我们似乎是在海底的一个城市里。"

围困于9月中旬开始，德军切断了通往该城的铁路线并占领了周围的领土。到11月，实际上没有食物剩下来，除了一种含有树胶的面包，这是面包师用木屑和发霉的面包粉做成的，还有最初打算用来做轮船油料的有毒棉籽饼。每天的配给量减少到体力劳动者为9盎司面包，其他每个人只有这些的一半。为了补充他们的食物，人们从墙纸和装订的书上刮糨糊做汤，使用发油做食油，并把皮带和老鼠腐肉煮成糊状物。据说还出现了吃人肉的事情。

燃料迅速同食物一样稀缺。电力被定量配给，城市陷入黑暗之中。当中央供暖系统被关闭时，铅管冻住了。平民们从被污染的沟渠、运河和涅瓦河里提水——把水桶吊在脖子上拖着沉重的脚步艰难地走回他们寂静冰冷的住所，因为他们的双手缺乏力量无法握住把手。

到了深冬季节，每天有7000人死去。因为没有木材做棺材，尸体被盖上旧窗帘、破布或者包装纸。这些尸体经常几个星期摆放在家里、街头或者堆在医院的走廊里，因为幸存者太虚弱根本搬不动。这个城市陷入一种可怕的寂静中，不时被孩子们雪橇的嗞嗞声打断——这是唯一剩下的运输方式。一名苏联记者写道："咬紧牙关撑过过去的半年后，这个城市即将死亡。"

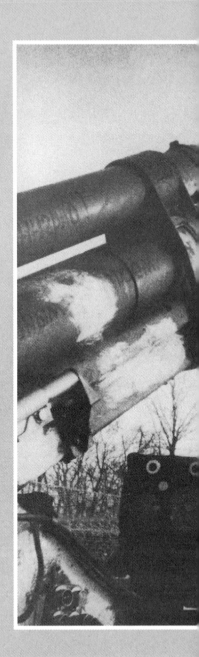

一门苏联防空炮越过列宁格勒的圣伊萨克大教堂瞄准城外的德军。最高峰时，包围列宁格勒的德军数量达到34万人。

日复一日的
炮弹轰炸

（左）通过扬声器放大的一次空袭警报尖啸声使列宁格勒一条大街上的平民急促奔跑。

（中）戴着钢盔的护士们帮助过路人护理一名被德国炸弹炸伤的购物者，她袋子里宝贵的萝卜散落在街道上。

（下）列宁格勒一座公寓楼被一发德军炮弹击中，瓦砾累累，烟雾弥漫。在围困的第一个月里，德军每天平均轰炸列宁格勒九个小时。

一场对抗严寒的
失败战斗

在一个没有暖气的军火厂里，一名工人试图暖和双手，这个厂的屋顶已经被炸掉了。

拖着从一个被炸毁的建筑物里抢救出来的木柴，一个女孩路过一个海报栏，上面写着："消灭杀害孩子的凶手！"

饥饿的冷酷

（左）妇女们从一个破裂的街道自来水管道里打饮用水。被清理到城里河流和运河的尸体使这种水有一种令人难忘的味道。

（右）一个列宁格勒人紧握他每天配发的面包。饥饿的年轻人有时抢夺这些老人的配给食粮。

（下）两名妇女得到没有想到的恩惠，正在屠宰一匹刚被一发德军炮弹炸死的马。

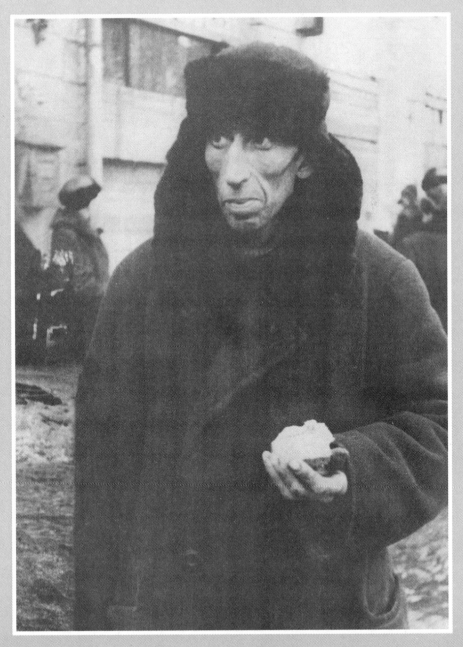

"死亡是
这里发生的一切"

行人们沉默地看着一个已经死在积雪的大街上的平民。"在列宁格勒，"一个失望的记日记的人写道，"只有一件事发生——死亡。"

在一条结冰的街道上，一对夫妇拉着一个放在雪橇上的尸体。"拉着某个人去墓地，"一个列宁格勒人写道，"耗尽了最后一点残余的力量。"

同外界脆弱的
联系

　　在冰冻的拉多加湖上一个车队在缓慢行驶，这是通往列宁格勒的唯一通道。许多卡车陷进冰里或者被敌人的炮火炸毁，但是有足够的车穿过这条"生命道路"支持列宁格勒度过被围困的第一个可怕冬天。

3. 猛攻莫斯科

因茨－奥托·克劳斯中尉，东线第9集团军的一名年轻连长，1941年10月2日早上5:40向他的士兵布置任务。他们将在五分钟后发动进攻——他们的目标正前方的一个森林地区在早晨的光线下逐渐变得清晰起来。这个连将排成五列纵队向前进攻，每列中间有弹药手和重型机关枪手。克劳斯提醒部队禁止照顾伤员或搬走尸体，直到战斗结束——逃兵将同平常一样遭到惩罚，当场枪毙。"现在，祝大家好运，"他最后说，"让我们狠狠打击苏联人！"结果，苏联人首先发动进攻。克劳斯的连仅仅前进了300码，这时躲在树上和灌木丛下的苏联人使用机枪、步枪和迫击炮开火。克劳斯高声命令冲锋并同他的士兵一起向前冲。瞬间，德国人和苏联人就陷入残酷的肉搏战中。树林里回响起伤员和死者的惨叫声。突然间，苏联人溃败了，向最近的镇子雅特索沃逃去，雅特索沃镇是斯摩棱斯克东北30英里的一个棉纺中心。德国人追击到雅特索沃镇边，然后架起机枪并雨点般地向镇上的木制建筑射击，许多建筑在一次施图卡轰炸机空袭后已经燃烧起火。

由于控制了第一天的目标，克劳斯中尉命令暂停进

1942年装甲掷弹兵带领一辆坦克穿过12月的黑暗。"前线那里每天只有几个小时有限的能见度，"一名德国军官回忆，"直到上午9点，冬天的景物仍被浓雾遮掩。下午3点，灰尘落下，一个小时后黑暗再次降临。"

131

攻并发给他气喘吁吁的士兵一份特别定量的烈酒。他自己痛饮了一大口，在一棵白桦树下同他的上士，一个名叫博格曼的老兵休息。目前为止，一切顺利。

"唉，博格曼，"根据战后的采访，克劳斯说，"如果我们幸运的话，阿道夫将会很快站在克里姆林宫的城墙上，右臂伸向红场上方。"

"是的，中尉，"博格曼答道，"老费迪·冯·鲍克将会站在他旁边，应该说他甚至比阿道夫更渴望俯瞰红场。"

当然，"老费迪"指的是莫伦茨·艾尔伯里切特·弗朗茨·弗里德里希·费多尔·冯·鲍克陆军元帅，指挥中央集团军群的普鲁士贵族。希特勒的 34 号命令对傲慢的鲍克来说是一味苦药。他已经被剥夺了他的装甲部队并被指示要满足于斯摩棱斯克附近取得的局部战绩，而巴巴罗萨行动重心转向他的侧翼——向列宁格勒进攻的北方集团军群，以及向乌克兰和克里米亚进攻的南方集团军群。鲍克提出强有力的抗议，怒火指向他的直接领导瓦尔特·冯·布劳希奇元帅和弗朗茨·哈尔德将军，他指责他们没有站起来反对元首，从而窃取了他的胜利。

现在鲍克准备将分歧放在一边。陆军司令部已经准许他命令克劳斯步兵连以及上百个这样的连队发动一轮新的攻势。"台风行动"——一次对莫斯科的全力进攻开始了，阿道夫·希特勒宣称这将是"本年的最后一

一次经典的双重包围战

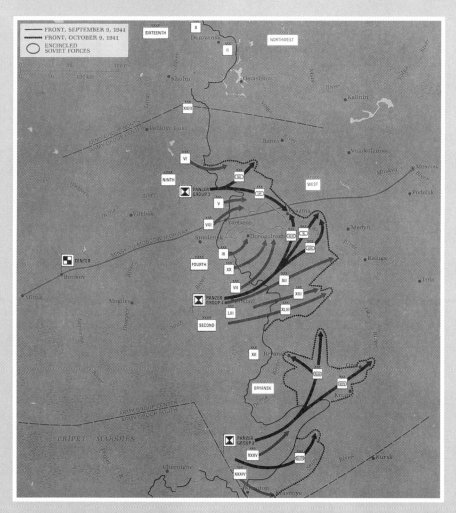

　　莫斯科西部的平静于 1941 年 9 月 30 日终止。冯·鲍克元帅的中央集团军群，司令部设在鲍里索夫，发起了"台风行动"。这次攻击令苏联人震惊。鲍克的装甲部队（暗色）——南方古德里安的第 2 装甲集群，中部霍普纳的第 4 装甲集群以及北方赫特的第 3 装甲集群——绕过红军的侧翼并从红军两个集团军之间直插进去。一个星期后，他们在维亚济马西部包围了六个苏联集团军并迫使其他三个集团军进入布良斯克西南和东南的口袋。双重包围圈抓获了 673000 个战俘。但是直到 10 月下旬才消灭这两个包围圈，这期间牵制了大部分鲍克的步兵，而且许多苏军士兵冲出包围圈，向东逃跑协助守卫莫斯科正面的莫扎伊斯克防线。其他人逃进森林里组成游击队，不断骚扰鲍克不稳固的补给线。

次决定性战役"。

元首的预言证明是非常准确的——但是没有按照他的意愿。台风行动将成为苏联人一场致命的龙卷风，但是这场严酷的台风也冲击了德国人，德国人的痛苦在历史上没有其他一支军队能比得上。一场史无前例的考验立刻就要到来——不仅仅是在通往莫斯科的道路上。浇透的秋雨将很快带来泥泞季节，之后可怕的冬季就要来临了。在北部前线，德军连续浴血奋战试图切断列宁格勒和主要苏军补给线之间的走廊。在南部，取得了一些胜利，然后是失望，攻打克里米亚没有取得全面胜利，而且通往高加索的门户的罗斯托夫战役以撤退告终。

为了准备台风行动，陆军司令部将8月从鲍克那里调走的部队又归还给他，补充了一些新的装甲部队。到9月晚些时候，中央集团军群总共集结了大约150万人和1000多辆坦克。部队被分成鲍克的第2、第4和第9三个步兵集团军，以及三个装甲集群——赫曼·赫特将军第3装甲集群机动部队的大部分，从北方集团军群调来；海因茨·古德里安将军的第2装甲集群，由一个来自南方集团军群的特别装甲军加强；埃里希·霍普纳将军的第4装甲集群，从北方集团军群调来。经过如此增援，鲍克控制了苏联地区19个装甲师中的14个，14个摩托化步兵师中的8个，以及48个常规步兵师。另外，他可以获得阿尔伯特·凯塞林空军元帅第2航空队

　　应征入伍的平民，绝大部分是妇女，在莫斯科西部准备土制防线。经过一昼夜连续工作，50万劳工挖掘了60英里的反坦克坑和上千里的壕沟，架设了150英里的带倒刺的铁丝网。

1000 架飞机的支援，这是迄今为止德国空军在东线的
一次最大规模集结。

　　但是，鲍克的数量优势具有欺骗性。三个半月的战
争付出了重大代价，没有一支部队编制完整。到 9 月底，
全部德军伤亡达到 534000 人。甚至没有一个师达到满
编的 80%，绝大多数装甲团只有满编的 75% 或更少。
士兵疲劳、肮脏并经常挨饿。

　　更糟糕的是，鲍克从未解决他的后勤问题。他目前
距他在波兰的补充基地有 400 英里，而且每天需求 34
节车皮的物资来满足他巨大的消耗以及为进攻准备物资
储存。甚至在奥尔沙至斯摩棱斯克的铁路被改为德国的
窄轨后，补给一般也比标准降低了 20% ~ 40%。坦克
和其他摩托化车辆的油料是一个特别严重的问题。摩托
车油、轮胎和零部件也非常短缺。台风行动将要开始的
15 天前，第 4 集团军司令古恩特·汉斯·冯·克卢格
元帅写道："集团军几乎完全依赖铁路。此时，后者只
能满足当前的消耗，部队生活只够糊口。"为了储存尽
可能多的油料，鲍克中止运输食物，强迫士兵们部分地
就地取食或者勒紧裤腰带。

　　9 月 29 日，装甲部队和俯冲轰炸机发起"台风行动"
的前一天，鲍克和凯塞林检查了德军的航空侦察报告。
他们发现了许多变化。整个 8—9 月战事平静期间，苏
联人一直忙于在莫斯科前方修筑防线。红军劳动营修建
了三个漫长的防坦克壕沟带，后面是地堡，横贯预期的

发起台风行动时，德国步兵们将一门反坦克炮推上一个橡皮筏以便摆渡过杰斯纳河，而其他人（背景）通过一个橡皮筏和木板搭建的浮桥渡河。撤退的苏军在后方埋设地雷并破坏了铁路桥。

德军进攻线路，而且炮兵们把重炮推入地下防弹掩体里。第一条防线在莫斯科西南135英里的重要铁路中心维亚济马附近。内层防线叫作莫扎伊斯克防线，是以该防线中间的一个镇子命名的，大部分是由妇女和老人修筑的。其他的变化从空中看不出来。苏联人还埋了成千上万颗地雷。而且斯大林的将军们，调来他们的战略预备队，在这些防线上集结了大约25万士兵。他们将很快得到来自遥远西伯利亚新锐师的支援。

这天晚上，鲍克召集他阴郁的高级指挥官们。"问题出现了，"克卢格的参谋长古恩特·勃鲁门特里特将军回忆道，"在苏联冬天来临之前是否还剩足够的时间让我们利用手头这些虚弱的部队占领莫斯科。"

考虑到天气和有限的油料储备，鲍克将 11 月 7 日订为包围莫斯科的最后期限。会议后，他给部队写了一篇檄文："中央集团军群的士兵们，经过几个星期的等待，集团军群恢复进攻了！我们的目标不是别的，就是彻底消灭我们东面的残存敌军，并且占领布尔什维克主义的堡垒——莫斯科。我相信你们将同以往一样自信勇敢地圆满完成你们的任务，让我们不要犹豫，让我们向最后的胜利进军！"

如一次教科书式的闪电战进攻拉开帷幕。温暖的阳光穿透秋天的浓雾后，这种天气变得对坦克和飞机非常理想，并且在 10 月的前几天，鲍克的装甲部队击退了红军，其凶猛快速的打击令人回想起 6 月的胜利。凯塞林的施图卡轰炸机和双引擎中型轰炸机出动了上千架次，阻止了红军部队的集结并且沉重打击了敌人的简易机场和据点。在地面，古德里安的装甲部队首先行动，尽管他抗议过他需要更多的时间来准备，但上级答应补充给他的 300 辆坦克只来了 50 辆。他的装甲部队直插过布良斯克南部苏军第 13 集团军的侧翼，第一天就前进了 50 英里。到 10 月 3 日，他们已经抵达奥廖尔的郊区，奥廖尔是苏联后方 130 英里的一个工业中心。当德军坦克开进城里时，街上的汽车还在行驶，工厂搬卸出来的机械堆积成山，等待运往东部。

10 月 2 日，装甲部队进一步向北进攻，这也令苏联人感到非常惊讶，他们不相信鲍克如此轻易地就重新

改组了他的部队。到第一天晚上，霍普纳第 4 装甲集群
的坦克和步兵已经穿过斯摩棱斯克东南把守卫杰斯纳河
的苏军压到一旁并快速推进到敌人的防区，即正面防线
后 20 英里。海因里希·冯·维廷霍夫中将的第 46 装甲
军向东北的维亚济马进攻，而阿道夫·孔岑将军第 57
装甲军向莫斯科挺进。越过斯摩棱斯克，霍普纳的北部，
赫特的第 3 装甲集群也取得了突破。莱因哈特将军的第
41 装甲军转向东北，沙尔中将指挥的第 56 装甲军在维
亚济马封闭包围圈。

　　另一个毁灭性的包围圈正在形成——或者不如说两
个。当古德里安的一部分坦克直接向奥廖尔和更远方进
攻时，他的第 17 装甲师和莱梅尔森中将的第 47 装甲军
在布良斯克后面改变方向。同时，冯·魏克斯将军第 2
集团军的八个师一路攻向布良斯克的北部。10 月 6 日，
魏克斯的一部分步兵同古德里安装甲部队的先头部队会
合，在两个独立的包围圈——布良斯克的北部和南部包
围了整整一个集团军和其他两个集团军的一部分。

　　与此同时，霍普纳第 4 装甲集群的大部队同沙尔的
第 56 装甲军在维亚济马会合，因此切断了为保卫斯摩
棱斯克至莫斯科公路所大量集结的苏军的退路。按照
魏克斯的标准，战俘数量也太巨大了：至少 45 个师，
673000 人。另外，德国人缴获或摧毁了 1200 辆坦克和
4000 门大炮。无论怎么衡量，布良斯克和维亚济马的
胜利都成为军事史上最具毁灭性的双重包围战之一。

　　但是，消灭包围圈内的敌人需要宝贵的时间。被包围在维亚济马的苏军于 10 月 17 日停止抵抗，但是规模更大的布良斯克包围圈里的苏军拼死抵抗，而且成千上万的苏军为了重新投入战斗突围出去了。布良斯克红军的最后防御者们直到 10 月 25 日还没有放弃。但那时，汽油短缺已经开始阻碍鲍克的机械化部队。在奥廖尔的南部，沃纳·肯普夫将军的第 48 装甲军已经停止进攻等待油料护送队，这些车队目前不得不同反方向后撤的大批苏联战俘争夺道路。似乎为使形势变得更糟，10

月16日下了这个季节的第一场雪，尽管雪很快融化了，但是紧接就开始下雨。降雨加上不能停止的军事运输的巨大重压把未铺石子的公路搅拌成黏稠的泥浆。

但是到10月中旬，中央集团军群似乎做好准备进

猛烈撞击一辆苏联T-34坦克后，一个德国突击炮炮组人员——他们中的两个人因这次撞击而头部负伤——用杠杆撬开炮塔（左图）并拖出一名坦克手（下图）——其是布良斯克-维亚济马包围战673000名被俘苏军之一。

行一次对莫斯科最大规模的进攻。尽管分散的苏军仍有
能力抵抗，但是控制直接通向莫斯科通道的主要苏军机
动预备部队已经被消灭了。德军的坦克，加上配合作战
的摩托化步兵，已经突破莫斯科最西边的防线。但是，
希特勒为他的入侵部队制造了一个新问题。元首重申他
认为莫斯科本身不重要的观点，要求北方和南方的攻击
部队绕过莫斯科并继续向东进军。古德里安的坦克部队
已经大致采取这样的战略。希特勒的命令意味着莱因哈
特中将此时指挥的第 3 装甲集群的部队——赫特已经被
调到南方集团军群——不得不从维亚济马改变方向向北
面的勒热夫和上伏尔加河进攻。他们的目标是大型工业
城市加里宁。这是一个漫长的弯路——加里宁位于莫斯
科西北 100 英里。

一个德军摩托车手
（右）和一队士兵（最
右边）在秋雨造成的泥
泞季节期间，艰难地推
拉陷入泥泞的机车。"我
们在研究苏联的情报中
看到过这个，"一个恼
火的德国军官写道，"但
是现实远远超过我们最
坏的估计。"

希特勒的命令剥夺了鲍克主要攻击部队的三分之一坦克。通过集中他的油料储备,莱因哈特成功地派出一支由一个坦克连支援的摩托化步兵营,于 10 月 13 日开进加里宁宽阔的街道。但是他的士兵现在比在维亚济马时离开莫斯科更远了。

然而,尽管遇到降雨、泥泞和过多的弯路等困难,鲍克的部队仍在取得成功。在古德里安的地区,由汉斯·艾伯巴奇上校指挥的一个旅规模的战斗部队,由第 24 军所有能够加油的坦克组成,向莫斯科以南 105 英里的制造业中心图拉进攻。第 3 装甲集群猛烈攻击并在伏尔加河东岸建立了一个桥头堡。与此同时,霍普纳的第 4 装甲集群向莫扎伊斯克和雅罗斯拉夫尔进攻。但是,当这些部队组织兵力进行最后攻击时,天气变得恶劣起来。大雨和

雨夹雪在冰冷刺骨的寒风吹刮中从天空倾盆而下。土路变成沼泽地，小河和运河泛滥成灾。斯摩棱斯克至莫斯科铺筑的公路在坦克和其他重型车辆无休止的压迫下也破损严重。

德国军队在各地放慢了进攻。运载部队和补给的卡车深陷在齐轴深的泥淖里，并且只能用重型拖拉机牵动。"甚至应当是第一流的公路实际上也无法使用，"鲍克在他的战地日记里写道。"如果一辆补给卡车能通过，士兵们就非常有成就感。"在一些地方，马拉炮车陷入没到马腹的烂泥里。在地基比较好的地方，甚至需要十匹马才能拉动一门轻型炮通过沼泽地。德国部队的马车，它们轮胎和轴不是为这种条件设计的，只能摔散架。部队逐步征用农民称之为"小农主"的高架马车来运输他们的物资。他们的良种德国、匈牙利和比利时军马由于缺乏饲料死了上千匹，德国人用强壮的当地小农场马代替，这种马吃各种各样的东西，从白桦枝到农舍的茅屋顶。

当供给系统岌岌可危时，部队就经常断口粮。士兵们靠土豆和其他他们能搜寻到的食物为生。各处的坦克和其他被牵引的车辆都是不规则地向前运动；拥有无尽劳力的德国部队用树干一英里接一英里地铺路。但是通常总是步兵艰苦向前跋涉，士兵们浑身湿透，他们的腐烂小牛皮长靴经常被胶水一样的腐土吸脱脚。

尽管是这样令人厌恶的条件，中央集团军群仍然向前挺进。在南部，埃贝巴赫旅在图拉包围敌人。同泥泞和敌人战斗，德国人顽强攻击到距离该城不到三英里的地方。在那里，苏联人用 85 毫米防空炮阻挡住他们，这种炮打掉了 20 多辆德军坦克。

最有希望的进攻出现在中部。击败博罗维斯基附近苏联人的一次反攻后，孔岑的第 57 装甲军和克卢格第 4 集团军的步兵猛攻苏联第二层地面工事，即所谓的莫扎伊斯克防线。三个摩托化步兵师的士兵经过激战穿过一个雷区和伪装碉堡组成的迷宫，令苏军后方的防御部队大吃一惊。由于一场暂时的寒潮使地面结冻，坦克能够行驶，第 19 装甲师的坦克接着突破了过去。到夜幕降临时，坦克已经前进了 40 英里，攻占了博罗维斯基和普罗特瓦河上的一座桥。连续施加打击，一些坦克部队载着步兵战士抵达距离莫斯科 60 英里的纳腊河。到 10 月 18 日，乔治·施登姆将军的第 40 装甲军占领莫斯科河上的莫扎伊斯克，并攻向博洛迪诺闻名的拿破仑战场。

在南方，入侵者的前景并不令人振奋。古德里安的部队，受到油料短缺和冰雪融化的困扰，停滞不前。当北方的天气温暖起来时，解冻的泥淖令孔岑和施登姆的装甲部队在莫斯科前面停下来。但是到目前为止，不仅仅是泥泞减缓了德军的进攻。10 月初，斯大林已经把莫斯科的防御委托给格奥尔基·朱可夫将军，他正成为苏联最优秀的战士之一。朱可夫得到了在苏联辽阔后方受过良好训练的陆军师，以支援已经快速赶赴莫斯科仓

促组建的部队。他明智地不轻易地让新来的部队加入他
的防线，只使用他们反击德军最凶猛的进攻。"我们既
惊讶又失望地发现被打败的苏联人似乎完全没意识到作
为一支军队他们几乎要灭亡了，"古恩特·勃鲁门特里
特写道，"在这几周里，敌人的抵抗非常顽强，每天的
战斗变得越来越残酷。"

　　10月底，试图坚守博洛迪诺附近纳腊河桥头堡的
第98步兵师的德军士兵第一次同来自西伯利亚的部队
发生激战。在加里宁附近，阿道夫·施特劳斯将军的第
9集团军遇到另一支来自东方的部队。德军情报官员审
问身着缝制厚实制服的战俘时，惊讶地发现他们的俘虏
是苏联亚洲人，只会说一点儿或根本不会俄语。

　　德国人还遇到了令人生畏的T-34和KV-1型坦
克，许多是刚从生产线上下来的。苏联人在维涅夫和斯

泥泞的海洋使任
何形式的运输都成为
不可能。军马因体力
耗尽倒下（左图），
履带式车辆转不动
（中图），而步兵的
鞋子被黏得脱了脚
（右图）。

大林诺哥尔斯克使用它们反击古德里安的先头部队。在
这种新坦克的帮助下阻止住了德军的攻势，接着击退了
德军。经验丰富的德国坦克部队看到大型 T-34 坦克感
到非常恐惧，它具有宽阔的履带但是重心很低，可以在
阻碍德军坦克的泥淖上运转。而且德军的反坦克分队发
现他们 37 毫米炮对 T-34 坦克一点儿用也没有。只有
德国空军火力强劲的 88 毫米高射炮火，或者拥有地雷
和炸药装置的英勇步兵才能阻止这种钢铁怪兽。

　　经过 10 月底在斯大林诺哥尔斯克、图拉、博洛迪
诺和加里宁的激烈战斗后，德军攻势在整个 400 英里长
的前线上全面减弱。几乎已经能看到莫斯科了，但是鲍
克的部队无望地深陷困境。炮兵没有炮弹了；坦克手们
不得不用吸管吸出好几辆坦克剩下的微量汽油以便给一
辆坦克加油；步兵们完全筋疲力尽，缺少弹药和食物。

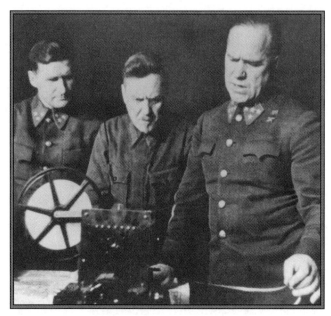

朱可夫大将（右），斯大林任命他指挥苏联即将崩溃的西部防线，同他的参谋长索科罗夫斯基中将（左）和副主席布尔加宁一起研究一封电文。

当鲍克的士兵们耗尽他们最后的能量储备和意志力时，前线就出现了暂时的平静。

鲍克现在希望出现一次冰冻，这样能使地面变硬，坦克可以再次向前推进。但是他的好几个下属指挥官，其中有著名的霍普纳，希望推迟进一步进攻并挖掘工事过冬。总之，巴巴罗萨计划已经完成了很多。德国军队已经完成了有史以来最大规模的进攻之一，并且消灭或俘虏的苏联人同德国入侵部队的人数一样多。但是鲍克，更为重要的是希特勒，一点也听不进去。鲍克仍然决定抵达莫斯科并且结束这个已经为此做出巨大牺牲的漫长战役。很显然，继续进攻是一次可怕的赌博。在令人畏惧的苏联冬季里德国的士兵和机器能够投入战斗吗？没有人知道，但是可供选择的办法——撤退并冒在野外受敌人追击的危险，或者安然度过冬季——似乎更没有什么吸引力。

在8月和9月期间，当鲍克为在斯摩棱斯克遭受的挫折发火时，南方集团军群司令格尔德·冯·龙德施泰德陆军元帅已经穿过乌克兰向希特勒认为比莫斯科更重要的目标进攻。它们包括苏联第四大城市哈尔科夫，顿涅茨盆地的煤铁工业，克里米亚，最后是高加索的油田。前线的最北头，龙德施泰德的主要坦克部队，埃瓦尔德·冯·克莱斯特将军指挥的第1装甲集群，已经在9月初越过第聂伯河并转向北，以进抵基辅东部的开阔地

在乌拉尔山脉，苏联工厂工人坐在一辆刚从一条生产线上下来的T-34坦克上。T-34坦克成为德国人的心腹大患，他们低估了苏联大规模生产高质量坦克的能力。

带。与此同时，古德里安的坦克部队快速向南推进，只用两个星期就推进了 250 英里。到 9 月中旬，两支坦克部队在三个野战集团军的支援下封闭了一个纵深 130 英里的巨大包围圈，里面有 80 万苏军和数量庞大的坦克和枪炮。在基辅大包围战期间，龙德施泰德在苏联防线上扯出了一个大洞。瓦尔特·冯·赖希瑙陆军元帅指挥的第 6 集团军和卡尔－海因里希·冯·施蒂尔普纳格尔中将指挥的第 17 集团军从这个缺口打入。两个步兵集团军攻入东乌克兰，向哈尔科夫和顿涅茨盆地进军。行动顺利的还有克莱斯特的第 1 装甲集群，它转向东南，向亚速海和罗斯托夫推进。

在南方，龙德施泰德也取得了迅速的进展。第 11 集团军第 22 下萨克森师的工兵和攻击部队面对苏军的猛烈炮火在第聂伯河下游铺建了一座几乎半英里长的浮桥——军事工程中一个惊人的业绩。第 54 步兵军和罗马尼亚第 3 集团军徒步越过这座浮桥。这些部队接着呈扇形展开以控制通往罗斯托夫和克里米亚的道路。10 月 6 日，克莱斯特的指挥部，现在已晋级为第 1 装甲集团军，同第 11 集团军在亚速海岸的奥斯皮诺科村附近会合。克莱斯特接着东转，向罗斯托夫和高加索进军。在这次包围作战中，德军俘虏了 106000 苏军。

一切都在按计划行事，但是苏军的顽强抵抗——还有气候——迅速产生了麻烦。第一次失败在 9 月的第二个星期出现了，当时第 11 集团军试图通过一次突然

的致命一击占领彼烈科朴地峡。冲在最前面的是阿道
夫·希特勒警卫旗队的摩托车手和装甲小车，这支武装
党卫队旅几个月前在巴尔干战役攻击希腊军队的作战中
声名远扬。接近通往彼烈科朴地峡主公路旁的一个村庄
时——进入克里米亚半岛的唯一合适途径——党卫队侦
察部队接到一个异乎寻常的警告，苏联人已经做好准
备。当前沿摩托车手驱赶一群羊离开公路进入村边的田
野时，这群不幸的羊引爆了几十颗地雷。瞬间，这支部
队遭到一辆停在村外铁轨上的装甲火车的扫射，还有掩
蔽在散兵坑里的步枪手和机枪手。好几个德国人死掉了。
其他人匍匐在地，在装甲小车 20 毫米加农炮的掩护下
爬回后方。德国人释放了一颗烟幕弹，许多勇敢的摩托
车手冲上前去并救回伤员。判断了当时的形势后，负责
军官科特·梅耶尔少校向上级报告："突袭彼烈科朴地
峡已经不可能。"

埃里希·冯·曼施坦因将军——刚刚继欧根·里
特·冯·舒伯特将军之后出任第 11 集团军司令，舒伯
特将军因他的侦察机降落在另一个苏军雷区上被炸身
亡——为第二次进攻地峡集中了大量部队。作为本次攻
击的前锋部队，他选择了埃里克·汉森将军第 54 军的
两个步兵师，再加上第 50 师作为特别攻击部队。第 11
集团军所有能用得上的工程、火炮和高射炮部队被命令
支援步兵。预备部队是约瑟夫·库勃勒将军的第 49 山
地军和阿道夫·希特勒警卫旗队。

　　曼施坦因意识到他无法靠手头这些数量有限的部队占领全部克里米亚，但是他希望阻止彼烈科朴的防御部队增援黑海港口塞瓦斯托波尔。塞瓦斯托波尔号称是一个巨大的要塞，如果德国部队行动足够迅速的话，他们也许能够在没有组织的防御者们做出反应前占领这个要塞。就在曼施坦因开始进攻时，他发现他的左翼和后方受到两个苏联集团军的威胁。通过猛烈攻击罗马尼亚山地军守卫的一部分前沿阵地，苏军在一个地方撕开了10英里宽的缺口并在其他两处造成了危险的渗透。曼施坦因的整个军队突然间面临被切断的危险。他立刻想到库勃勒的山地军和警卫旗队，并要求他们援助。幸运的是，艾伯哈德·冯·马肯森中将指挥的第3装甲集群已经几乎抵达攻击罗斯托夫的集结地域。马肯森的坦克部队猛烈打击苏联集团军暴露的侧翼和后方，迫使他们草率地后撤。

　　同时，警卫旗队的部队突破了苏军第9集团军防线上的一个缺口，俘虏了其司令部的绝大部分人员。接着党卫队侦察部队快速向马里乌波尔城挺进。一名叫沃特拉的德军摩托车手冲上一座山顶，看到这座城就在下面。冲下山坡，沃特拉和他的摩托车手们绕过反坦克路障，当他们到达第一个主要交叉路口时才停下来。在那里，警卫旗队的装甲小车加入了，他们继续快速前进，用机枪扫射并击溃了一支在公园宿营的哥萨克骑兵分队。"在一处地方，马路急剧向下倾斜而且下面挤满了苏联士兵。

他们的钢盔在北极圈的阳光下闪闪发光，一群慕尼黑高射炮团的炮兵们——德国侵略部队最北端部队的一部分（夹图）——从雷巴奇半岛发射88毫米大炮，这是摩尔曼斯克西北巴伦支海的一个突出部。

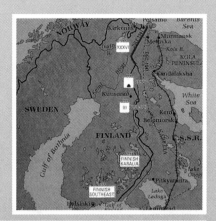

北极圈
受挫

　　1941 年夏，一个连绵 60 英里的北极荒地比德军曾遇到的比利时森林、希腊山地和北非沙漠更为有效地阻止了德军的攻势。六个德国和芬兰师从芬兰出发，准备占领摩尔曼斯克不冻港，这是苏联通向北冰洋的后门，位于北极圈以北的巴伦支海，并且欲切断它同南方 625 英里的列宁格勒的铁路联系。但是这个将进攻者同他们目标隔开的荒芜、无路可通的冻土带阻止他们的补充物资或者预备队和火炮。

　　德国人和芬兰人被迫用马拉货车运送每一发炮弹和每一块面包，然后用驮货的骡子，最后靠士兵们自己背。还没有作战，整个营就转而进行艰巨的 10 小时跋涉把伤员抬回后方。相反，苏联人依靠铁路和一条可通行的公路支持他们作战，并且将至关重要的补给和新兵直接运往战场。

　　经过三次突击后，德国人距离摩尔曼斯克仍然有 20 英里，当 9 月下旬的第一场雪覆盖这个没有树木的平原时，希特勒最北端的部队勉强地继续防守。他们的失败影响了整个"巴巴罗萨行动"。在接下来的三年，川流不息的船只载着同盟国的援助徐徐驶进摩尔曼斯克的码头，这样弥补了苏联的损失并支持苏联人取得了最终的胜利。

进攻顿河

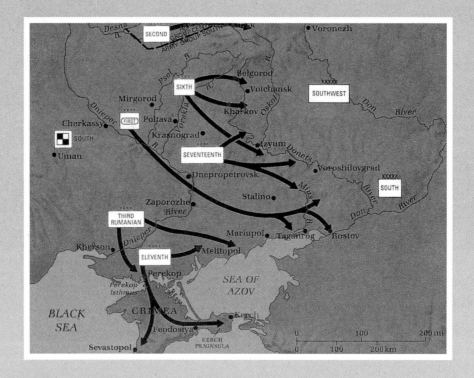

　　在中央集团军群进攻莫斯科和北方集团军群对列宁格勒进行包围的同时，冯·龙德施泰特元帅指挥下的南方集团军群攻占了哈尔科夫和塔甘罗格，并向罗斯托夫推进，罗斯托夫是通往高加索的门户。冯·曼施坦因指挥的第11集团军将红军从彼烈科朴驱赶出去并攻下了进入克里米亚的彼烈科朴地峡。

我们暂停前进，我们的突击炮就在我们身后停下来并向下面的街道发射了一颗炮弹。"很快，沃特拉回忆，"苏联士兵消失了，一座几乎拥有 25 万人口的城市马里乌波尔落在我们手里了。"

彼烈科朴地峡如此狭窄——不超过 5 英里宽——以致德国人没有空间展开作战，而且狭窄的走廊修建了错综复杂的防御工事并布满了防御者。为了突破进入克里米亚，曼施坦因没有其他选择只有实施正面进攻。他的主攻于 10 月 18 日凌晨 5 点以一个凶猛的炮火掩护拉开序幕。炮弹就在待命进攻部队前面 100 码处爆炸。然后，按照第一次世界大战的方式，掩护炮火在再次开始前暂停一段时间，这次炮弹落在苏联防线后方较深远的地方。这是步兵发起冲锋的信号。第一线的士兵们躲闪着向前发起短冲锋，此时机枪手和迫击炮手们努力使苏联守军

1941 年 9 月 1 日，通过德国工兵搭建的一座浮桥，第 59 山地军的骡子和士兵穿过东乌克兰的第聂伯河。图中间半淹没于水中的救护车是一次苏联空袭期间被推到桥下的。

抬不起头。

苏军用毁灭性的炮火进行还击。机枪从加固的未受炮击的地下掩蔽部向外射个不停，炮弹落到指定的射击区域。德国人很快发现他们周围到处是致命的倒刺铁丝网、地雷、混凝土碉堡、隐藏的火焰喷射器，甚至还有埋在地下的苏联人用遥控器引爆的水雷。

向受阻的第47步兵师侧翼进军，第22步兵师占领了一个设防的山岭——少有的有利地形之一。但是敌人的炮火迅速迫使德军掘壕固守。由于受到压制，第47师遭受惨重损失。当夜幕降临时，士兵们在泥泞中挖掘潮湿的散兵坑。第二天和第三天战斗继续在雨雾中进行，雨雾遮掩了苏军的位置。

德军一码一码地向前推进。曼施坦因已经没有坦克了，所以他使用自行火炮以摧毁障碍和掩体。他下令10月28日进行最后一次全面进攻。那一天，自行火炮和远右翼的第170步兵师突破敌人防线，败退的苏军向南涌向塞瓦斯托波尔，但是依然没有完全控制克里米亚。为了补充汉森被耗尽的第54军，曼施坦因只有另外一个军，第30军。他唯一的摩托化部队警卫旗队和装备良好的第49山地军已经被调给克莱斯特进攻罗斯托夫。曼施坦因的参谋长奥托·韦勒上校建议采用一个独创的战术。韦勒把两个步兵军还有的且能够使用的车辆组成一个快速机动作战大队，再加上侦察分队和摩托化防空、反坦克部队的快速机动部队。这支部队快速向前挺进，德军消灭了绝大部分残余的苏军。到 11 月 16 日，他们抓住了超过 10 万名战俘。

相当大批的苏军已经赶到塞瓦斯托波尔的要塞，在那里他们能够从海上得到支援。曼施坦因尝试发动一次对要塞外围工事的进攻，最后得出结论，只有经过一番精心准备的包围后才能攻占这个要塞。五个月后德军开始了第二次进攻，而且又经过很长时间要塞才陷落。

东部的艰苦作战情形同曼施坦因在彼烈科朴地峡缓慢的进程一样。10 月中旬在亚速海附近五天的战役里，阿道夫·希特勒警卫旗队步兵团的第 3 连全部阵亡，只有 100 名增援士兵中的 7 人活了下来。然而，警卫旗队和克莱斯特的装甲部队和摩托化师攻占了塔甘罗格港，越过米乌斯河，这是通往罗斯托夫的最后一个主要障碍。

在更北部，尽管因雨水和泥泞而拖延，南方集团军群的其他部队仍然向前挺进。瓦尔特·冯·赖希瑙陆军元帅的第 6 集团军 10 月 24 日占领了哈尔科夫并越过第聂伯河。在赖希瑙的右翼，施蒂尔普纳格尔的第 17 集团军进入顿涅茨盆地——并且发现许多工业机械已经被运走了。苏联人将整个工厂用船运往位于乌拉尔山脉的新基地。

希特勒一心想着掠夺顿涅茨，便更加坚决地决定龙德施泰德精疲力竭的集团军群应当完成他主要计划的下一部分——占领高加索。但是天气问题出现了，就如同通往莫斯科的道路上发生的情况。连续的降雨造成了泥淖，吞没了部队和装备。克莱斯特的装甲部队不得不大量使用农民的马车来拖运物资，陆军军需兵司令评论道，他们应当被叫作小农场主师，而不是装甲师。

11 月中旬，更可怕的寒冷降临了，地面结冻。克莱斯特立刻派遣第 3 装甲集群向罗斯托夫进军。受第 13 坦克团支援的警卫旗队为先头部队，后面是第 13、第 14 装甲师和第 60 摩托化步兵师。一路上都是残酷的战斗。党卫队部队艰难地进入该城的郊区，一个屋子接一个屋子继续激战。反击的 T–34 坦克碾过德军摩托化步兵的反坦克炮，把它们变成扭曲的碎片。但是，德军坦克最终突破成功，并且在 11 月 20 日攻入城里。警卫旗队占领了架设在顿河上一座至关重要的铁路桥；摩托化步兵和一个装甲师追击向东南撤退的苏联人。德军现在不仅控制了通往高加索的门户，而且还控制了南俄罗斯主要的交通要道，巴库的物资和石油经这里运往北方。

几乎同时，一个位于顿河对岸待命的苏联集团军发起了反攻。它的步兵在漫长的战线上穿过封冻的河面，而且不顾德军机枪的致命火力勇往直前。一些苏联人冲过河，爬上河岸，在被赶走前将手榴弹扔向德国守军当中。

但是，这种自杀性攻击实质上是一种牵制。真正的危险来自更远的北方，在那里，三个完整的苏联集团军——31 个师以及五个坦克旅——在上个月已经匆匆

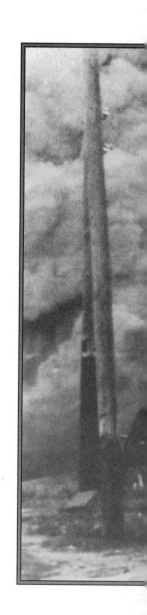

　　党卫队阿道夫·希特勒警卫旗队的一个高射炮炮组人员用活动的高射炮瞄准塔甘罗格被浓烟遮住的一个敌人目标，塔甘罗格是亚速海的一个港口，10月17日被德军占领。

集结，在一定程度上是通过一位名叫赫鲁晓夫的军事政委组织完成的。哈尔科夫陷落的三天前，11月17日，他们开始向南进攻，苏军的先头师绕过赖希瑙第6集团军的东翼以及第17集团军，第17集团军无法迅速通过泥地切断苏军。

第一次攻击指向罗斯托夫东北的第60摩托化步兵师。克莱斯特和龙德施泰德立即意识到他们在罗斯托夫的突出部有被夹击的危险。德国人没有足够的士兵、坦克和弹药坚守一条60英里长的前线，11月28日，龙德施泰德下令撤退。陆军总司令部11月30日给予批准，但是希特勒撤回陆军总司令部的命令。龙德施泰德非常愤怒，要求撤掉他司令官的职务。希特勒同意了，用赖希瑙顶替了他。元首大发脾气，不允许撤退，必须不惜一切代价坚守住罗斯托夫。

但是，赖希瑙也看到局势无可挽救并打电话给希特勒恳求允许撤退。12月1日，希特勒态度缓和了，罗斯托夫里面和周围的部队移动到米乌斯河前6英里更易防守的阵地。尽管相互矛盾的命令造成了混乱，但是绝大部分部队成功地进行了一次有秩序的撤退。这是红军发动的第一次反击，规模大而且得到了顺利的执行。

罗斯托夫撤退后，紧接着在遥远的北方又出现一次更具灾难性的撤退。自从霍普纳的第4装甲集群向南增援鲍克进攻莫斯科后，列宁格勒前线一直主要保持平静

第6集团军于1941年10月后期进入乌克兰城市哈尔科夫时，经过钢铁坦克路障。这个大城市是希特勒最重要的目标之一，但是德军没有缴获任何有价值的东西，因为苏联人已经将该城的绝大部分工厂拆卸撤运走了。

状态。第 18 集团军的大部队继续包围该城，而第 16 集团军坚守一条从伊尔门湖到奥斯塔什科夫周围地区的战线，奥斯塔什科夫地区的战线连接中央集团军群的左翼。

然而，有一个目标依然对希特勒很重要——季赫温城，一个铝土矿矿产中心，铝土矿是用来生产铝的，并且是列宁格勒以东 115 英里的一个重要的铁路交会处。苏联人利用铁路通过季赫温将物资运到拉多加湖东岸，从那里通过驳船运往列宁格勒。现在拉多加湖正在结冻。不久，苏联的车队将能够从冰面上驶过。围绕列宁格勒的包围线在这里将有一个巨大的漏洞，除非德军接连占领季赫温、湖东岸的转运点以及更北边的斯维尔河。另外，德国人希望他们的芬兰盟国从北面绕过湖发动进攻并同他们在斯维尔河会合，收紧这个口袋。

受命攻占季赫温的是第 39 装甲军，由两个装甲师和两个摩托化步兵师组成，全部置于司令官鲁道夫·施密特将军的指挥下。10 月 15 日出发，施密特的部队穿过第 16 集团军在沃尔霍夫河的防线并进入泰加森林，一个由沼泽和针叶树构成的未经探察的近北极原始森林。施密特派出侦察小队为坦克和卡车找路，他的军队伐树向前挺进。三个多星期后，第 12 装甲师的部队攻进季赫温。步兵占领了西部的道路，同时坦克部队占领了城东边。

迄今为止，一切进行得很顺利，但是苏联人没有心情允许列宁格勒唯一的生命线被堵死。11 月 15 日，一支新的西伯利亚师向德国环形防线发动进攻。苏军得到装备了一部分 T-34 坦克的一个旅的支援，还有喀秋莎火箭炮的炮火支援，喀秋莎将成千上万磅炸弹砸向德军阵地。隶属于德军摩托化步兵的第 18 炮兵团打掉 50 辆巨型苏联坦克，但是西伯利亚师继续进攻。

两个德军师坚守，但是季赫温已经被炸成燃烧的废墟。更多的西伯利亚部队也在攻打第 39 装甲军的其他两个师，这两个师一直企图同芬兰人在斯维尔河会合。很快第 39 军的新司令官冯·阿尼姆中将——他是在施密特被派往南方接替患病的魏克斯中将后担任司令职务的——清醒地意识到他的装甲军处于一个极端险恶的境地，无遮无拦暴露在残酷的北极冬季中，而且任凭苏联红军进行反攻。他命令撤向沃尔霍夫，他的部队开始向后穿过 65 英里的封冻沼泽和荒原。

温度降到零下 52 摄氏度。德军的殿后部队，第 41 摩托化步兵师的第 11 连和第 12 连，在战斗中为了为他们的同伴后撤赢得时间几乎被全部歼灭。第 18 摩托化步兵师 9000 人 11 月已经被派往季赫温。当 12 月 22 日这个师再次渡过沃尔霍夫河时，只剩下 741 个人。

到 11 月初，通往莫斯科道路被压出车辙的地面已经结冻，同季赫温附近森林覆盖的沼泽地一样坚硬。11月 15 日，冯·鲍克元帅命令中央集团军群再次向东挺进，进攻莫斯科。两个星期的中断进攻已经使他们的部队有所改善——但还不够。在 10 月的泥泞中，他筋疲力尽和无组织的连、营和师大部分已经得到重组。坦克、卡车和大炮已经在结冻的泥地上畅通无阻地行驶。许多装备在前进中损坏了，但是至少一些部队重新获得了一部分装备。

中央集团军群现在要为它不充足的补给系统付出全面的代价。尽管已经征集了暖和的冬季外套并用船运往苏联的铁路线起点，但是基本上没有送达前线。当温度骤然跌到零摄氏度和零下时，士兵们穿着现在既脏又破的夏季制服冻得瑟瑟发抖。由于气候越来越冷，坦克和卡车的发动机启动不了；有时它们在运行时就被冻住了。能够得到防冻汽油的部队惊愕地发现，防冻油有时也冻成了固体。武器失灵了。大炮、机枪甚至步枪由于缺少低温润滑油而无法射击。

没有哪支军队在处于如此恶劣的情况时发动一次攻势。然而，当11月进攻开始时，德军竟迫使苏联人后撤。在最前线是莱因哈特的第3装甲集群和施特劳斯第9集团军的一部分。直指莫斯科西北郊区，他们从加里宁地区向东南发起攻击。不到一个星期，莱因哈特的攻击部队占领了古城克林并向塔克哈罗马附近的莫斯科-伏尔加运河逼近，那里距首都只有38英里。

11月16日，霍普纳的第4装甲集群，只有可供行驶200英里的油料，在中间战线发起进攻。找到一个防守薄弱的地区，第9军的第78风暴师突破进入苏军的后方，抓住很多俘虏，并继续向前推进。十天后，霍普纳的坦克前进了 25 英里，距莫斯科仅 30 英里。在南方，古德里安也发起了进攻，再次试图绕过图拉和斯大林哥诺尔斯克，进入苏联首都的后方。

但是，天气造成了不可抗拒的重大损失。晚上温度降到零下 50 摄氏度，寒冷程度远远超过了德军任何人的想象。许多幸运的部队在农家小屋里找到避寒之处。冻伤成为流行病，伤员由于寒冷，伤势恶化而死亡。在一些地方，雪已经达到两英尺深。

这些情况——以及新到苏军的猛烈反攻——使古德里安确信他的部队不可能再继续进攻。但是在北方，莱

1941 年 8 月，南方集团军群司令冯·龙德施泰特在他的乌克兰总部迎接希特勒（背对照相机）。四个月后，希特勒撤掉了支持从罗斯托夫撤退的龙德施泰特。

因哈特和霍普纳仍然在进攻。占领了克林，莱因哈特的装甲部队开向罗加切沃进军，从苏军两个集团军之间插入并抵达莫斯科－伏尔加河运河。在那里，哈索·冯·曼陀菲尔上校，指挥一个由第6步枪团和第25装甲团组成的先头部队，占领了一个渡河点并在东岸建立了一个桥头堡。一个突击队攻占了为莫斯科供电的电站。通往莫斯科的直接通道敞开了，但是增援部队不能到达来扩大突破点。到11月27日中午，寒冷变得如此厉害以致曼陀菲尔士兵的自动步枪再也无法射击。

在寒冷气候使地面结冻前挖掘的一个战壕里，德国士兵挤在一堆火的旁边。"在我们的洞里，"一名老兵回忆，"我们戴着毛皮帽子、耳套、手套，披着两至三条毯子和一件皮外衣围绕火堆站着，但是仍然冷得人不能忍受。"

同冬天竞赛

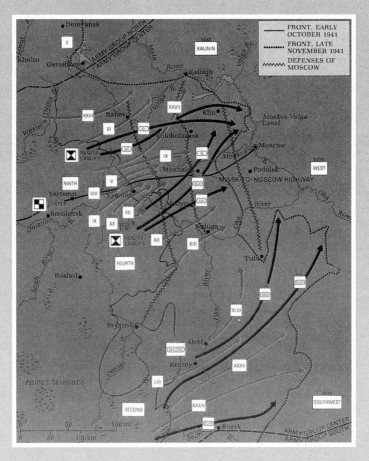

尽管淋透的秋雨使公路几乎不能通行，但是鲍克的中央集团军群仍然顽强地向莫斯科推进。在北方，莱因哈特的第3装甲集群攻占了伏尔加河畔的加里宁。继而转向东南，莱因哈特的装甲部队占领了克林并抵达莫斯科运河。霍普纳的第4装甲集群沿莫扎伊斯克至莫斯科的公路前进。而在南方，古德里安的第2装甲集群绕过距离莫斯科120英里的图拉，因为他试图从西南迂回进攻莫斯科。

接下来，就是灾难。从能见度极差的冰雾里出现了苏联第一突击集团军的两个旅，步兵有超出编制的火炮支援。苏联人身穿厚厚的冬季大衣、皮帽子和厚皮靴。他们用类似皮手笼的东西盖在进攻的武器上，武器涂上了防冻油。穿过大雪，步兵在 T-34 坦克的支援下，摧毁了一个接一个德军的前沿阵地。德国人直到 11 月 29 日还顽强地坚守他们的桥头堡，这时曼陀菲尔下令撤退，在运河西岸留下一条单薄的防线。德军从北方突入莫斯科的机会化为泡影。

这条战线所有德军的攻击进展都减慢下来。莫斯科 – 伏尔加运河以南几英里，鲁道夫·威伊尔中将第 2 装甲师的一些部队穿过暴风雪推进远至扼守罗加切沃到莫斯科主公路的奥泽热特斯科耶。在那里部队发现了开往莫斯科的长途汽车停车站，并开玩笑说剩下的 24 英里路可以乘车到达红场。

霍普纳第 4 装甲集群的一部分甚至打得更近。11 月 29 日，好几个坦克部队冲进西郊并到达图希诺，这是莫斯科市区的一个区。其他部队占领克拉斯尼亚波利亚尼亚——伟大作家列夫·托尔斯泰的故乡——一个营挺进至高尔基列宁斯科耶，距莫斯科城界 12 英里。但是苏联预备队赶到了，西伯利亚营甚至乘出租车赶往高尔基，和 1914 年马恩河战役法军的增援部队非常类似。

再往北几英里，第 4 装甲集群的另外两个军也在向前推进。先头部队奋勇作战，第 5、第 10 装甲师和党

一个德国哨兵在一个竖立的洗衣盆里躲避冷酷的寒风。当形势明朗化——在冬天到来前苏联不可能被击败时，希特勒命人把冬衣火速送往前线，但是冬衣到达时几个月已经过去了。

卫队摩托化"帝国"师跋涉过森林和雪地，从一个村战斗到另一村，直到他们抵达伊斯特拉河，这条河在那里变宽流入一个水库。在强大的炮火下，一个摩托车营穿过冰面并在岸对面为跟上来的大部队建立了一个立足点。第10装甲师的一个作战大队攻打伊斯特拉。仍然向更远方攻击，第38先锋营的一个摩托车突击队快速向前推进以占领卢布尼亚的火车站并侦察该城以南地区。发现没有抵抗，这些突击队员炸毁了火车站并呼啸着向希姆基冲去，希姆基是距莫斯科5英里莫斯科河上的一个登陆处。在苏军对他们发动沉重的反攻之前，莫斯科离德国人越来越近。

沿斯摩棱斯克－莫斯科公路的进攻也终止了。克卢格第4集团军的一部分，第478步兵团的第3步兵营，是最最幸运的。这个营攻占了布尔泽沃村并在那里挖掘战壕。十几个士兵爬进封死的农家小屋，围绕在巨大的炉子前暖和身体。他们把砖堆在火焰旁边，当到换岗的时候，士兵们拿上缠上破布的热砖，解冻他们的武器。

暴露在野外的部队却无处逃脱寒冷的季节。无法在冻得像岩石的地面上挖出任何避寒处，他们只能痛苦地徒劳地挤成一团以维持体温。成千上万的人死于冻伤。许多人得了奇怪的欣快症，这只是因为体温过低在神志不清前产生的症状，然后就在雪地上扭曲直至死去。

12月5日，克卢格撤出纳腊河后面第4集团军的攻击部队并单方面地终止了进攻作战。第二天，鲍克放

一支德军补给纵队顶着狂风沿着只能靠电线杆为标志的小道顽强地缓慢行走。"这个国家对普通士兵造成的心理影响是相当大的,"一个德国将军写道,"在无边无际的空间他们感觉渺小和不知所措。"

弃了,而且对中央集团军的其余部队发布了同样的命令。他的部队太疲惫了,无法继续进攻。第 128 陆军炮兵团的一个年轻中尉在给汉堡母亲的信中表达了同样的挫折感:"这些苏联人似乎拥有无穷无尽的补充人员。在这里他们每天卸下来自西伯利亚的新部队,他们带来新武器并在所有的地方布满地雷。12 月 30 日,我们发动了最后一次进攻——一个我们叫作梨子的小山和一个叫作列宁的村庄。在火炮和迫击炮的掩护下,我们成功地攻占了整座山和半个村庄。但是到晚上,我们不得不全部放弃以有效地抵御苏军持续不断的反击。我们只需要再前进火炮射程内的 8 英里就能到达莫斯科——但是我们就是做不到。"

一个德国士兵
的故事

军士沃尔夫冈·霍恩（上图，摄于1942年）拍摄的苏联和其他战役的照片整整装满了九本相册，上面这一册是"战争回忆"的传奇故事。

"无论德国士兵什么时候行为不当，"战后沃尔夫冈·霍恩回忆，"只要威胁派他们去苏联前线就能令他们立即冷静下来。"苏联的冬季，以士兵的死敌而闻名，其土地的面积也在德国人心中打下了恐惧的烙印。

这种恐惧是有充分理由的。1941年6月在纳粹卐字旗指引下进入苏联的德国士兵中的30万到第2年春天都死了。霍恩，第10装甲师的一名22岁的炮兵，活下来了。并且同绝大多数依靠记忆和想象的老兵不一样，他有一本关于入侵的记录。他记日记、写信和拍照，他的可折叠相机很容易携带，他在一本日记和寄回萨克森老家的照片里记录下了这次战争。霍恩的文字和照片在这里是第一次公开发表。

霍恩最初归古德里安的第2装甲集群，然后归霍普纳的第4装甲集群指挥，霍恩所在的师参加了中央集团军群对莫斯科的进攻以及接下来的撤退。他首先担任炮兵连的勘测员，后来任一个六人炮组的组长，霍恩最初差点阵亡，后来在10月包围维亚济马期间再次负伤。他在那里赢得了一枚铁十字勋章，他形容那是他"一生最激动的一天"。

不是每天都令人激动。"战争并不像许多人的想象是由不断的战斗组成的。"他写道。他最深刻的回忆是搜寻土豆、缝军服和在冻硬的土地上挖战壕。霍恩的史诗于1942年4月结束，当时他们师的残余人员被调往法国。他和伙伴们戴着一枚为冬季幸存者制造的勋章。他们给这个勋章起绰号为"冻肉勋章"。

173

（上）1941年6月20日。从布列斯特－里托夫斯克穿过布格河，在一处波兰森林里，霍恩（前排，由一名同伴拍摄）和另外一个测量员为6月22日轰炸苏联阵地准备地图。"当计划好的时间快到时，我们看着表。我们知道沿1000英里长的战线成千上万门大炮将在同一时间开火。"他写道。

（下）1941年6月28日。一架载着物资飞往一个前沿基地的容克斯52型战斗飞机从第10装甲师摩托化步兵的上方飞过，摩托化步兵正在公路上快速向东前进——苏联仅有的几条铺设公路之一。霍恩写道："沿着这条公路，我们看见被丢弃的苏联装备，从坦克到大炮，还有死马。"

（上）1941年6月28日。苏联人看着德国士兵拉着一个野战厨房进入科普耶尔。"这些村庄似乎都很穷。一些窗口里马口铁罐里种的花看上去很可怜，几乎没有花园。但是穿着比波兰人好一些，而且人们大多数很友好，同阴郁的波兰人完全不同。"

（中）1941年6月29日。被俘的苏联士兵正在听——德国军官和一名翻译（穿军用胶布雨衣）在审问他们当中的一个人。这种彬彬有礼交流的气氛——和后来双方表现的野蛮残忍形成鲜明的对比——霍恩评论道，反映出"他们还不习惯这场战争，我们也不习惯"。

（下）1941年6月30日。德军炮兵车辆正沿着一条森林道路前进，每辆车都标上一个字母G，说明他们是古德里安装甲集群的一部分。"我们的师现在是先头部队，"霍恩写道，"这天下午3点左右，我们驱车穿过仍到处是苏军的森林，所以我们时刻准备听到第一声枪响就带着步枪跳下车并找地方隐蔽。"

（上）1941年6月30日。为了还击苏军的炮弹，一个德军炮组匆忙把榴弹炮从牵引车上拆下并进行还击。

（中）1941年7月1日。"我们经过扎兹耳耶的农业研究种植园，"霍恩尽职地记录，"并驱车开过斯维什劳奇河上的一座木桥，苏联战俘经过我们身边向后方走去。"

（下）1941年7月2日（黎明）。明斯克城外，一个榴弹炮炮组同远处的苏联火炮激烈交火。霍恩拍下这张照片不久，一发炮弹击中一门德国加农炮，加农炮被炸飞了，他也负了伤。

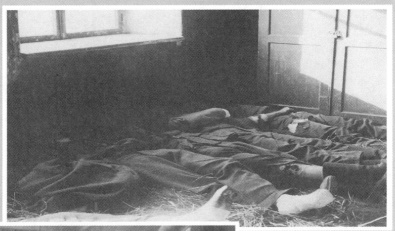

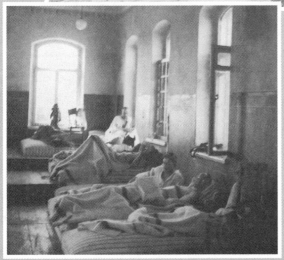

1941 年 7 月 2 日（上午）。"那发炮弹似乎是冲我来的。"霍恩写道，"我感觉肯定要死了并猛地向前低下头，砰的一声，地表升到我的前面。某个东西穿过我的右前臂和大腿，我看见血渗出来。一块弹片扎进我的腿里。我把它拔出来，弹片烫伤了我的手指。我看见了我的野战望远镜，实际上它已经被毁坏了。我的皮制地图包完全被毁掉了，还有我的指南针（上），但是这些被毁坏的东西保护了我的胸部和腹股沟。"

（下）1941 年 7 月 2 日（中午）。"一辆救护车把我们送到切尔文。我们被抬到一间办公室，放在铺在地板的草堆上（上右）。越来越多的伤员被运来——那天，大约有 280 人，毫不奇怪，医生几乎没有时间照料我们！由于我没有毯子，所以那天晚上我得了重感冒。第二天，我们两个人分到一条毯子。"

（上）1941 年 7 月 4 日。"我们被送到一个野战医院。我被送进一个地板上摆放肮脏床垫而且没有床单的房屋，那里喷洒了一种杀虫剂以杀死成群的苍蝇。苏联护理员分发水、燕麦、咖啡和食物。我的伤口涂上一种鱼肝药膏。"霍恩被送回家，但是 8 月他又重新加入他的部队对莫斯科的进攻。

（上）1941年8月31日。以一小块面包为报酬，饥饿的波兰小孩在布列斯特－里托夫斯克给德国士兵擦皮靴，在那里，载着霍恩重返苏联的火车穿过布格河。三天后，他到达斯摩棱斯克并开始了一个通往前线的四天行程。"唱着我们最喜爱的歌———一些非常伤感，特别适合雨天和枯燥的景色———玩游戏、谈论食物和性帮我们度过漫长的旅程。"

（左）1941年10月8日。两个德国步兵，巡视空无一人的房屋寻找狙击手，路过维亚济马主广场的列宁塑像。"我缓慢地穿过一些房屋，"霍恩写道，"绝大多数平民似乎已经撤走。我找到一件我能穿的干净衬衫，但是没有其他任何有用的东西，并且没有任何东西可吃。"

（上左）1941年10月16日。霍恩（最左边）同炮兵连的伙伴们挤坐在博罗迪诺附近的一堆篝火旁，"一个我们很熟悉的村庄，因为1812年拿破仑的军队在那里取得了对库图佐夫将军领导的俄军的暂时胜利。这次胜利使拿破仑能够占领莫斯科——仅仅70英里外。"

（下）1941年10月22日。从一个空袭中回来，一架俯冲轰炸机掠过一个炮兵掩体。地面上一面纳粹徽旗警告飞行员这是一个德军阵地。"苏联人顽强的抵抗已经阻止了我们的进攻，"霍恩写道，"施图卡不得不在进攻前轰炸敌军阵地以削弱敌人的士气。"

（上右）1941年10月17日。博罗迪诺外，一发炮弹从一门伪装的榴弹炮射出。"我们前面的村庄正燃烧着。我在雪中看到一个黑色的东西，那是中尉。他身体仍旧是热的，但是我叫他名字时没有回应。我们听说苏联士兵集中火力射击军官，可以从他们细长、定制的靴子辨认出身份。"

　　1941 年 10 月 26 日。德军在泥泞的地面铺设树干以修建一个木排路（上左）。一辆拉着补给运送工人的马车经过一个缴获的火箭炮发射器（上右）。"这个工作令人筋疲力尽，"霍恩抱怨道，"因为我们特别缺乏食物，所以更加疲劳。晚上，我们能看见莫斯科周围的探照灯和防空炮火。"

　　（下）1941 年 11 月 20 日。道路最终冻结坚硬得足够承受车辆的重量，重新恢复进攻后，一发炮弹在前沿观察坦克前面爆炸——坦克漆成白色是为了在雪地里不易被发现。"道路多冰和滑，而且苏联人决心战斗到底。在许多地方，爆炸的炸弹已经使雪变黑了。"

　　1941 年 11 月 26 日。躲在一个牲口棚里，霍恩的炮组人员（上）使用一个铁皮炉烧一只山羊，这是一次冒险搜索粮食的奖励。"劫掠在德国陆军是要受到严厉惩罚的，但是如果主人不在，'收集'食物是可以接受的。正式配发的口粮不足以应付艰苦的工作，它只有一碗像水一样的汤，而且面包非常少。"

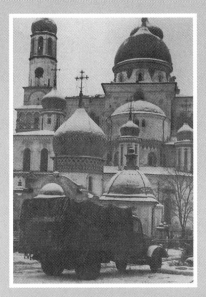

　　1941 年 11 月 28-29 日。一辆德国卡车（左）进入伊斯特拉——距离莫斯科 30 英里。"伊斯特拉是一个小镇，拥有一个令人印象深刻的修道院，被一道中世纪的城墙环绕，上面有许多用于防御的塔楼。在教堂里，我们在玻璃陈列柜里看到一个反宗教的展览。我从里面拍下了壮丽的镀金的圣像和圆顶（下右）。"

（左）1941年12月4日。一门88毫米火炮掩护已经渗透进莫斯科郊区的摩托化步兵。"他们从后面的公路上经过我们。他们在单薄的大衣外穿上了各种各样奇特的苏联服装。温度是零下20摄氏度。我们的袜子冻住并粘在了靴子上。"

（上）1941年12月8日。一所房屋被德国人点着后熊熊燃烧。那些失去他们房屋的人，霍恩写道："当他们怀疑我们将烧掉房屋时，他们跑进去并把他们的水桶和锅罐扔出来。这些是他们最重要的家当。"

（下）1941年12月8日。"我们加入了长长的撤退大军。雪几乎没有间断过。旁边驱赶的牛是作为食物的。当苏联平民试图加入这支队伍时，我们不断把他们赶回去，因为我们没有足够的食物给他们。我们在即将燃烧完的房屋旁休息，靠近仍在发热的木梁。我们的背仍然寒冷，但是至少我们身体前面是暖和的。"

1942年2月。在冬季稳定的战线后，一个农民（左）摇晃着她第一个出生的孩子，而士兵们（右）在一个征用的房屋里准备土豆。"这个妇女每天打水。"霍恩写道，"从村里的井里打两桶水。主要用来烧储藏在他们一间屋子地板底下的土豆。睡在火炉旁，这也是取暖的办法。"

1942年4月27日。斯摩棱斯克附近，第10装甲师准备离开苏联。"我们8点起床，开始往货车上装车辆和火炮，我们被安排在一辆牛车里。在等待离开这段时间里，我们在外面的车皮上用粉笔画图。两天后，我们穿过边界进入东普鲁士。"

4. 火与冰的考验

他们来是想占领苏联首都，但是 1941 年 12 月 5 日可怕的早晨，中央集团军群的部队自己却陷入敌军的掌握中。过去几天里，闪电进攻减弱了，仅仅是被德国人从未遇到的一些非常寒冷的天气所阻止。在破晓前，前线的温度降到零下 25 摄氏度。一个团在行进中一晚上出现了 300 起冻伤事件。掩蔽体非常重要，士兵们十几个一伙地挤在农屋或战壕里，身着他们从德国带来的每层都生满虱子的衣服，大概从那个时候开始就没清洗过。他们在灰蒙蒙的凌晨尝试性地开始走动，围绕闪烁的营地炉子跺脚和搓手。在呷入的几口掺沙的人造咖啡的帮助下，装甲军的士兵们顽强地开动引擎投入战斗。但是只靠意志力开动不了他们的坦克和卡车，许多车辆由于缺少充足的防冻油或冬季润滑剂已经瘫痪了。这时候，阿道夫·希特勒的机械化先头部队不比 1812 年缓慢向莫斯科进军的拿破仑那支命运悲惨的军队更具机动性。

与此同时，距东部不远，斯大林恢复活力的战争机器高速运转起来。几个星期的时间，新编红军部队和补给已经由隔热火车头牵引的火车运到前线，这种火车头能够保持蒸汽而德国的火车头在冬季就堵塞了。面对遭

被冰雪包起来了，一个德国士兵忍受着苏联前线零下的温度。"我们要坚守，这是元首明确的命令，"第 9 集团军司令阿道夫·施特劳斯告诉一个抱怨的下属，"除了坚守或者死亡没有其他办法。"

到连续打击的中央集团军群，苏联集结了大约 700 辆坦克。苏联的所有装甲车辆已经做过防冻处理，许多装备了在最严重冰冻情况下也能工作的压缩空气启动器。为了在对于坦克来说地形非常复杂或布满森林的地带取得快速进展，莫斯科的防御者们组织了 22 个骑兵师——一个似乎与时代不符的事物，但作用在这次战役早期的严寒中及时得到了证明。在守卫首都的 78 个苏军步枪师中有许多滑雪营，他们是神秘的步枪士兵，身穿难以辨别的白色衣服，时刻准备在德军过长的战线上寻找空隙。自从 11 月底后，恢复活力的苏军一直在莫斯科周围伸展他们的肌肉，发动零星的攻击使德国人掉头撤退。在这些袭击的鼓舞下，斯大林和他的参谋人员准备发动一次战役把侵略者赶出这座城市。他们将集中所有火力攻击威胁莫斯科的两个装甲铁钳——南部的海因茨·古德里安的第 2 装甲集团军和北部分别由莱因哈特和霍普纳指挥的第 3、第 4 装甲集群。霍普纳的装甲先头部队——前进到莱因哈特的右翼——距莫斯科不到 20 英里。但是这样的进展现在是一种不利的情况，因为坦克部队缺少人力保卫他们快速进攻造成的突出部。

苏军第一轮反攻目标定在莱因哈特的左翼，被占城市加里宁的南部，并且于 12 月 5 日早上发动突然袭击，当时德军正从冰冷麻木中恢复过来。喀秋莎火箭炮可怕的呼啸声宣告进攻开始，当火箭炮弹击中地面而且火热的钢片四处飞溅时，激起了一缕缕羽毛状的雪柱，伊

在 12 月的反攻期间，苏联滑雪部队拉着雪橇上的机枪以增强他们的火力。两年前在同芬兰的战争中，苏联人就知道高速机动滑雪连的价值。

万·科涅夫将军的加里宁方面军部队蜂拥渡过封冻的伏尔加河，并攻击在西岸筑壕紧守的入侵者。犹如噩梦中的人物，德国人胡乱摸索他们的步枪和机枪，但是发现许多武器失灵了，因为汽油经过一夜都凝固了，堵塞了移动零件。相反，进攻者们携带针对这种条件已经上好润滑油的武器。当他们攻打被占村庄敌军的抵抗阵地时，毫不费力地歼灭了他们。这一天，快速移动的苏军滑雪部队一直在寻找缺口，在需要清理出一条通道时才进行激烈的交火，然后向前冲锋，穿过茂密的森林和结冻的沼泽地深入到敌人领土——有效地模仿德国人自己的闪电战术。

第二天，12月16日，当朱可夫令人生畏的西方方面军部队加入对南部的反攻时，德国装甲部队承受的压力越来越大。这天晚上，霍普纳接到集团军群总部的通知允许撤回第4装甲集群完全暴露的部队——一次有序的撤退，尽管不得不沿途丢弃大量重型装备。但是，此刻第3装甲集群的情况正变得越来越严峻。到12月7日，莱因哈特的左翼已经被击溃，苏联军队正攻向他的装甲部队唯一畅通的撤退路线——一条经过重要交通枢纽克林通向西的公路，克林大约位于加里宁和莫斯科的中间。

克林以北几英里处，当中午时分苏联步兵进攻第56装甲军指挥官费迪南德·沙尔中将的司令部时，他正试图组织抵抗强大苏军对他左翼的试探性进攻。沙尔非常镇定地拿起一把来复枪并从一辆卡车后面射击。参谋人员、书记员和通信员组成一个不大可能出现的作战团体，一些炮兵、机枪小队和少数自行20毫米防空炮加入了这场战斗，最终驱赶走了进攻者。当苏联的装甲车赶到发动第二次攻击时，沙尔面临危机，直到第25装甲团的许多坦克赶来救援。足智多谋的机械师采用在坦克下面点火的方法成功地发动了坦克。在增援部队的援助下，沙尔再次击退敌人，然后沉着地将他的指挥中心撤到克林。在那里他集中了所有可以使用的部队建立了一条保护该城东侧的防线，然后改变方向向西移动到城北部以保护后撤路线。这条坦克防线是弯曲的，但很难突破。

在更远的南部，古德里安也试图使他的部队摆脱危险的处境。12月5日晚，苏军在自己的战区发动进攻前，古德里安已经看出他的装甲集团军——拥挤在一个从被占领的图拉城东北伸出的薄弱突出部——不可能坚守阵地而且必须撤回。对于一个以在两个战线上迅捷、凶猛进攻而闻名的将军来说，这是一个痛苦的抉择。"这场战争期间我第一次不得不做出这种决定，"他后来写道，"而且没有什么比这更困难的了。"这天晚上古德里安把他的想法通报给中央集团军群司令官冯·鲍克元帅，鲍克询问古德里安是否非常接近前沿阵地而做出这样的一个决定。这个建议激怒了敏感的古德里安，他为自己身先士卒而感到骄傲。失去同先头部队的联系"是任何装甲部队将军不会犯的一个错误，"他坚持说，"我对战场和我的士兵了解得足够多，因而从这两方面做出了一个明确的判断。"

古德里安的撤退刚开始，苏军就全方位地对他的薄弱突出部发动进攻。残酷的战斗在图拉周围展开，苏军利用图拉作为打击德军的基地，此时德军正从自己设计的圈套里撤退出来。"苏联人对我们紧追不舍，并且我们必须预料到不幸的事要发生。"古德里安12月8日

写道。他的担忧超越了他自己集团军的命运：如果苏军
继续他们的进攻势头，那么他们可能攻入侵略部队的心
脏并把德军赶回到第三帝国的边境。正如古德里安不祥
地写道："我不是考虑我自己而是考虑我们的德国。这
是为什么我感到恐惧的原因。"

　　对中央集团军群的威胁使阿道夫·希特勒的生涯来
到一个决定命运的十字路口。当12月6日来自前线的
不祥报告不断地送进他东普鲁士的总部时，希特勒保持
了一个充满信心的气氛。他甚至没有仔细考虑莫斯科周
围大规模撤退的问题，他提醒他的助手们："苏联人从
来不会主动地放弃任何事情，我们也是这样。"然而，
如果希特勒拒绝承认中央集团军群的危险处境，那么他
不能无视北方集团军群先头部队面临的危险，他们处于
在列宁格勒东面的季赫温被包围的危险中。12月7日，
星期天，他不情愿地授权冯·李布元帅将他已经暴露的
部队从那里向列宁格勒方向后撤，但是他规定季赫温的
铁路干线必须位于炮火射程范围内——李布受到强大压
力的部队满足不了这个条件。接着，同一个星期天的晚
些时候，重大的消息传到狼穴：德国的盟国日本已经彻
底地加入这次世界大战，袭击了珍珠港和菲律宾的美军
以及马尼拉的英军。
　　具有讽刺意味的是，希特勒本人还没有他克里姆林
宫的对手有更多时间对这个重大转折事件做好准备。这

在莫斯科门口
被击退

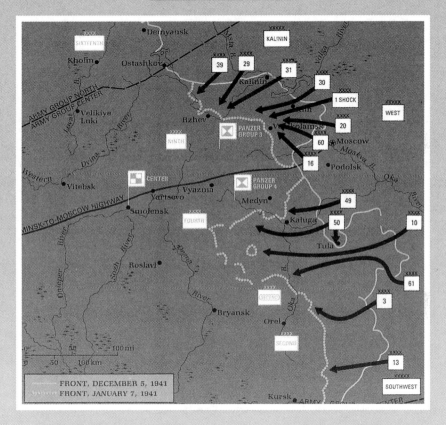

FRONT, DECEMBER 5, 1941
FRONT, JANUARY 7, 1941

到12月初，中央集团军群已经失去了攻势并正坚守一条有两个突出部的脆弱防线（实线）——一个在莫斯科北部，由第3和第4装甲集群防守；另一个在莫斯科南部，由第2装甲集团军防守。红军于12月5日和6日进攻突出部并把德国装甲部队赶了回去。苏联人接着利用优势兵力沿整个战线紧逼，同德国步兵的三个主要部分交战。12月8日，他们突破了叶列茨附近的第2集团军薄弱的防线，到这月中旬红军在中部的第4集团军防线和北部的第9集团军防线取得了同样的战绩。12月16日，希特勒试图通过命令他的部队死守到底来支撑收缩的防线。但是斯大林在一个侧翼投入了新部队，到1月初，苏联人已经进攻得更远（虚线）。他们准备在北部的勒热夫和南部的尤赫诺夫取得突破。从那里进攻，他们可以在维亚济马合拢对德军的钳形攻势。

归功于一个名叫理查德·佐尔格的苏联双重间谍的努力。他是一家德国报纸的记者并渗透入东京的德国大使馆和日本内阁，斯大林几个月前就知道日本不会对苏联发动战争并且会将战争矛头指向东南亚——这个情报鼓舞他抽调许多最精锐的西伯利亚师保卫莫斯科。与此同时，希特勒还紧紧抱着微弱的希望，日本将废除最近同苏联签订的中立条约并攻打苏联。直到11月底，他才从日本得到明确的信号，日本的战争目标是其他地方。然而，

一名苏联军官召集平民们聚集到被德国人绞死的男人和妇女的尸体周围，德国人绞死他们是惩罚沃洛科拉姆斯克的游击活动，这个城市在12月被红军收复。通过开创这种战术，希特勒希望"粉碎抵抗意志"。

他装作对他盟国的鲁莽袭击感到高兴。"我们不可能输掉这场战争，"他向一个朋友保证，"现在我们有一个3000年没有被打败过的伙伴。"

从技术上来说，希特勒没有义务必须加入他的亚洲盟国向美国宣战，因为德国、意大利和日本签订的三方条约没有专门的军事条款。希特勒的外交部长约阿希姆·冯·里宾希特洛甫已经提出了口头保证——在日本同美国的任何冲突中德国将与日本站在一起，并且起草了一个条约实施这个承诺。但是条约还没有签订，日本人就发动了进攻，而且东京害怕希特勒坚持向美国宣战前要求日本答应加入对苏联的战争。

然而，对于袭击珍珠港造成的恶果，希特勒没有心情对日本人吹毛求疵。他最为关心的问题是富兰克林·罗斯福将很快向德国宣战，并且他决定对这位总统先发制人。12月8日晚，他乘火车前往柏林，三天后他的国会对美国宣战。"我们将永远首先进攻，"在把美国加入德国逐渐加长的敌人名单时，他向欢欣鼓舞的议员们保证，"我们将永远首先狠狠打击敌人！"在一个著名的谩骂中，希特勒将罗斯福同臆想的犹太人阴谋集团联系起来，元首认为这个集团是东方布尔什维克政权和西方敌对民主政府背后的驱动力量。希特勒认为，罗斯福把美国带入战争是用来转移对他国内政策失败的注意力。"在这个事件中他得到了周围犹太人的支持，"元首说，"犹太人全部恶魔般的卑鄙自私集合在这个人周围，而他伸出了双手。"

这个长篇的激烈演说披露了希特勒的种族狂想不断扭曲他的全球观。的确，那些狂想已经在一个很广的范围使德国军事和占领部队卷入对平民的暴行。没有人提出疑问，纳粹政权是否应该同敌人达成妥协并将自己置于国际监督之下。甚至在希特勒向美国宣战时，党卫队特别行动队正在 6 月以来德军占领的领土上执行一次屠杀扫荡行动。在希特勒消灭东方所谓的犹太－布尔什维克知识分子呼吁的激发下，这次清洗杀害了相对少量的共产党政委和大量的犹太人。

表面上，德国国防军被免除参与这次屠杀，但事实上，陆军对特别行动队负有后勤补给责任，向他们提供交通运输和物资，而中央安全局负责行动指挥。由于特别行动队在很接近前线的地区行动，因此许多陆军指挥官知道他们的行动，并且一些人还协助抓捕嫌疑人作为平定他们防区的一种方法。根据党卫队的文件，莱因哈特将军和霍普纳将军就是这当中的人，他们同特别行动队合作企图"彻底清理"被占地区；在战争前四个月屠杀十万多犹太人的 A 特别行动队的指挥官认为，他同霍普纳的关系"非常亲密，是的，几乎很真诚"。一些犹太人躲过了行动迅速的党卫队的死亡部队，只是不久就成为军事警察的牺牲品，军事警察把无辜的犹太人同勇于献身的游击队员押在一起。一份党卫队报告承认到 12 月，中央集团军群处决了 19000 名"游击队员和罪犯，这些罪犯绝大多数是犹太人"。

12 月初前线形势的逆转也许迫使希特勒和他的助手们重新考虑同时进行一场野蛮的种族战争和一场消耗巨大的军事战争是否明智。大屠杀绝不可能不被注意地进行：在许多地方，牺牲者在光天化日之下成千上万地被赶到一起并被枪杀在巨大的坑里。甚至不关心犹太人困境的平民也有理由害怕，因为德军采用大规模杀害平民行动报复游击队的攻击。为了坚定士兵们对这些行动的决心，纳粹宣传人员提醒他们斯拉夫人是"劣等民族"，比"反人类"的犹太人强不到哪里去。结果，德国人在战线后方树立了新的敌人，即使在前线的形势恶化时也不例外。希特勒的唯一反应也只能是变本加厉。日本人加入战争的那天，他为占领区的恐怖又加了一个新的手法，他秘密下令对德国人安全造成威胁的平民将消失在"夜雾"里。这个命令授权安全部队可以拘捕或者最终处决任何被怀疑攻击他们的人。

然而，如果希特勒在东方残忍的意识形态运动要获得成功的话，那么前线的部队将不得不坚守防线。12 月 8 日，在离开柏林前，希特勒向中央集团军群被围困的将军们发布了一道命令。他为时已晚地承认严酷的冬季和由此导致的补给困难迫使莫斯科周围的部队放弃"所有的主要进攻并转为防守"，但是他禁止撤退，除非准备好完整的设防阵地作为重新集结地。考虑到穿过封冻和森林密布的地形建立这样防线的困难性，前线暴露的部队几乎没抱被解救的希望。

希特勒的命令对莫斯科周围支离破碎的德军战线没起任何作用。当命令下达时许多部队已经撤退，而且指挥官们基本上没有阻止这样的撤退，不想让他们的战士死在敌人手里。的确，发布命令没有几天，希特勒被迫授权进行有限的战术撤退以防止尽忠职守、坚守地面阵地的暴露部队被敌人分割歼灭。面临这种紧急严峻挑战的是沙尔将军的殿后部队，他们坚守克林附近的交叉路口。通过巧妙地部署他的残余坦克和动员每名身体健全的士兵——包括第 25 装甲团乐队的鼓手们——沙尔为第 3 装甲集群大部队的后撤和伤病员的转移赢得了时间。然而，到 12 月 13 日，苏联的炮击使这个城市的许多地方燃烧起来，沙尔的殿后部队处在被包围的边缘。第二天中午左右，运走最后一个伤员，沙尔开始撤退部队，此时第 1 装甲师顶住了苏军从北边的进攻。

沙尔对自己部队的顽强感到满意，但是他感觉到所有德国人的纪律开始崩溃。"越来越多的士兵擅自向西逃跑，"他写道，"不带武器，用绳子牵着一头小牛，或者身后拉着一个装着土豆的雪橇——没有一个人指挥，就是向西艰难跋涉，被空中轰炸炸死的士兵再也没有被掩埋。"不得不撤退这一事实令习惯于在后面追击敌人的士兵们非常气馁。"后勤部队处在精神极度不安中，几乎是惊慌失措，"沙尔认为，"很可能是因为在过去他们只知道向前进攻。"在这种混乱中，部队丢弃

颤抖的德国人，他们已经扔下武器投降，面对苏联胜利者，后者裹着毛皮大衣抵御寒冷。

了所有的装备。由于用来拉炮的马匹死于饥饿或寒冷，大炮被抛弃，而且德军通过让发动机空转保持运行的许多坦克和卡车经过一夜耗尽了油料，也被扔到路边。

这场危机不仅困住了装甲部队。三个德国步兵集团军全力支撑正在溃退的莫斯科防线——阿道夫·施特劳斯的第9集团军在远左翼，冯·克卢格的第4集团军在中间，鲁道夫·施密特的第2集团军在远右翼。到12月中旬，第9和第4集团军受到强大的压力而且有在下一次攻击中崩溃的危险。苏军猛攻的重压已经证明对于第2集团军来说太大了，第2集团军插向中部战线徒劳

地希望保持同保护中央集团军群右翼的南方集团军群的联系。在苏联人反攻的前夜，施密特的集团军坚守一个180英里长的防线——换句话就是几乎是每个连守2英里长的防线。

12月8日袭击薄弱的防线，苏军坦克，后面跟着骑兵和滑雪部队，突破了第45、第95步兵师之间在叶列茨镇附近的结合部。到12月10日，这个楔子有16英里宽和15英里深，并直指重要的奥廖尔铁路交叉点。陆军总司令部急忙将韦尔弗雷德·冯·欧文将军的第56师从第2装甲集团军中抽调出来并被零碎地派往那个缺口。受到排山倒海的打击，孤立的德军拼命坚守在房屋或被积雪覆盖的掩体里，直到他们面对必然灭亡的命运而不得不向外杀出一条生路。一名步兵回忆他的部队穿过苏军重新收回的地区向后方撤退损失惨重："那

当德国的攻势终止时，希特勒撤掉了好几个高级指挥官，包括中央集团军群司令冯·鲍克元帅（左）；陆军总司令冯·布劳希奇元帅（中）；第4装甲集团军司令埃里希·霍普纳将军（右）。鲍克病退，布劳希奇退休，霍普纳——他被彻底免职——很快加入了一个德国人密谋推翻希特勒的小集团。

天晚上无论我们什么时候进入一个村庄，首先必须反击苏联人，"他写道，"早上当我们准备再次行动时，他们的机枪已经在我们身后嗒嗒地响起来了。我们死去的战友，我们不可能带走他们，同马的尸体一起沿公路倒放。"一个第2集团军师，即第45师于12月14日历尽艰难地到达安全地带，但是在他们后面丢弃了几乎所有的车辆、半数的武器以及400具尸体。

这次对奥廖尔的深入攻击对古德里安造成了一个新危机，他已经将他的装甲部队从薄弱的突出部解救出来，打算安排他们到图拉南部第2集团军的左翼。现在第2集团军正沿千疮百孔的防线全线撤退，古德里安判断他的坦克也必须撤退以防被包围。12月14日，他用一整天穿过暴风雪驱车到后方同陆军总司令冯·布劳希奇交换意见，布劳希奇是前一天到达来评估损失的。考虑到希特勒不准撤退除非准备好防线的命令，古德里安要求批准把第2装甲集团军撤回到奥廖尔北部的奥卡河防线。10月份这曾是古德里安的前线，因此已经修筑好部分工事。在这次会议的讨论结果里，古德里安同意成立第2集团军和第2装甲集团军联合司令部以协调他们的行动，而且他认为他已经劝说布劳希奇，如果需要的话，允许他将两个集团军撤回到10月战线。但是说服动摇不定的布劳希奇——批评者嘲笑他比希特勒的邮差强不了多少——是一回事，而说服元首则是另一回事。

事实上，希特勒并不相信布劳希奇，因此他派了一名信得过的助手——鲁道夫·施密特少将，参加前线会议并转达报告。希特勒惊讶地知道，古德里安只是强烈要求大规模撤退的战地指挥官之一。在北方，施特劳斯将军已经认为他的第9集团军不可能再坚守加里宁，加里宁是该集团军在莫斯科上方防线的基石。那里一场溃败可能导致第3和第4装甲集群的灭亡，除非他们继续后撤。考虑到集团军群的风险，鲍克元帅通知富有同情心的布劳希奇，他的部队必须全部撤到那条更易防守的战线——代号为K防线——非常接近他们10月份占领的阵地，从勒热夫向南经奥廖尔到库尔斯克。假设部队能够穿过冰雪撤退50英里而不被蜂拥而上的苏军追上，那么这次行动可以缓解鲍克严重的供给情况，而且可以让中央集团军得到喘息以待春天重新发动进攻。

然而，希特勒长期以来认为意志力是人与人之间、国家和国家之间冲突的决定性因素。他自己在政治斗争中对敌手不可思议的胜利似乎验证了这个观点。无论是什么样的损失，德国军队在这次危机中必须证明它的意志并且根除失败主义的流毒。为了这个目的，希特勒越过鲍克和布劳希奇，于12月16日颁布了一个新命令，禁止任何有限的撤退。希特勒用普通的语言命令指挥官们"亲自干预督促部队在阵地上疯狂地抵抗，不管敌人在侧翼还是后方突破"。

为了加强他艰难的防线，希特勒改组了指挥机构，让鲍克休假——公开说是健康原因——并且任命第4集团军司令官克卢格接替鲍克指挥中央集团军群。具有讽刺意味的是，克卢格因未能在莫斯科攻势减弱阶段督促部队前进而饱受批评，但是希特勒相信聪明人汉斯将坚定地支持停止撤退政策并且会对下属试图靠撤退保存部队的要求充耳不闻。如果对谁负责指挥还有任何怀疑的话，希特勒于 12 月 19 日彻底打消了他们的疑虑——他接受了布劳希奇的辞呈，自己全权负责东线的作战指挥。希特勒冒失地忽视了他负责工作的复杂性，他让参谋总长弗兰茨·哈尔德放心："作战指挥这种小事是任何人都能干的事"。

　　当元首不准撤退的命令送到前线时，它消除了一些折磨部队的不确定性，部队已经被接到的复杂命令搞得灰心丧气。在第 4 集团军防区，撤退的命令是下达了，接着取消，再恢复，然后再次取消；在一个地方，工兵们在一天里在桥上三次安放和取走炸药。经过这样的观望后，那些还没有撤退的人希望得到来自最高层的一个决定，无论它执行起来多么艰难。有地方避寒的士兵很少有人愿意沿结冰的公路长途跋涉到后方；他们知道北冰洋的寒风同从茫茫大雪中突然冒出的经过伪装的敌人一样致命。许多部队已经越来越依赖他们拥挤的壕坑和房屋，尽管那里空气极端污浊——一种瘴气，一个在里面待过的士兵描述是"陈腐的尿、粪便、化脓的伤口、苏联烟草以及一种荞麦粥并不令人讨厌的气味"的混合体。但是气味刺鼻、如此拥挤的地方却具有生存的条件，

并且士兵们准备为每个恶臭的陋室而战斗，就仿佛这是他们祖先的家庭。

当德国人蹲下时，他们的敌人变得大胆。到这个月的中旬，斯大林充满信心地感到莫斯科的确安全了，并且他将许多已经在今年早些时候疏散的政府官员和政治局委员召回到克里姆林宫。然后他命令新编部队发动反攻，目标是用双重包围消灭中央集团军群的核心部队，就像德国人在这次战役初期实施的那次具有毁灭性效果的包围战一样。按照这个计划，苏军将向德军的两翼持续施加压力，不断投入增援部队，直到两个钳形攻势在

高举马刀，在冬季战役期间，苏联骑兵策马奔驰发起冲锋。这样轻率的冲锋是哥萨克人的标志，这些剽悍的骑兵勇敢地为红军而战斗。

维亚济马附近、沿莫斯科到斯摩棱斯克的主公路会合。

在南翼，德国人已经没有能力反击逐步升级的进攻。当希特勒禁止撤退的命令送达时，许多装甲和步兵部队已经全线撤退，他们已经没有修筑好的阵地或掩蔽所来坚守。12月18日，被激怒的古德里安收到希特勒的特殊命令，要他坚守他的士兵已经丢失的地面阵地。确信希特勒和他的助手们没有意识到情况的严重性，古德里安决定直接向元首请求，批准他将部队撤退到10月份的防线。12月20日，这位装甲部队指挥官乘一架飞机前往狼穴，开始了他后来描述的一次"漫长的飞行，从奥廖尔北部冰封的战地飞往遥远的东普鲁士那设备完善、暖气充足的最高统帅部"。

作为闪电战理论的一名先驱，古德里安长期以来一直受到希特勒的恩宠，但是当他到达狼穴时，他从元首的眼睛里"第一次看到一种生气、不友好的表情"。这次会议迅速呈现了与气氛相配的格调。当希特勒坚持古德里安的士兵应该"挖壕固守并且坚守住每一码土地"，古德里安指出土地封冻到五英尺深并且"我们劣质的挖壕工具"根本不起作用。接着希特勒建议部队应当使用榴弹炮炸出防御弹坑，就像德国人在第一次世界大战时做的那样。古德里安认为即使他准备为这个目的浪费他宝贵的炮弹，他们也只能得到"地面上的洼洞，每个大约有一个浴盆那么宽深"。

他的战术争论失败了，希特勒转而依靠他最高指挥官的权力，坚持说他已经被授命要求"任何一名德国士兵献出他的生命"。古德里安反驳："只有取得的结果值得，才能要求一名士兵做出这样的牺牲。"接着他做出最后的努力说服希特勒批准这次撤退，指出10月防线可提供某种保护以抵御恶劣的天气和苏军。"我们因寒冷而造成的伤亡人数是死于苏军火力人数的两倍，"他争辩道，"任何见过医院充斥冻伤病号的人都明白这意味着什么。"但是，元首不为所动。他建议古德里安少关注一些他部队的损失："你对他们太仁慈了，你应当更狠一些。"

古德里安很快得到一个机会能够对前线的形势有一个更长远的认识。他回来发现一个难缠的老对手，中央集团军群司令克卢格。几天后，苏军攻入第4集团军和第2装甲集团军之间的缺口，契尔纳镇落入苏军手里。古德里安和克卢格激烈地争论谁应当对丢失阵地负责，古德里安以辞职威胁。令古德里安感到懊恼的是，第二天按照元首的命令他被解除了指挥官的职务。克卢格一直劝说希特勒采取行动，理由是古德里安尽管是一名优秀的指挥官，但缺乏纪律性。

在北方，希特勒不准撤退的命令正在发挥更大的效果。到12月19日，第3、第4装甲集群已经停止撤退并正在坚守莫斯科至维亚济马公路上方的一条防线，大约位于这两个城市的中间。沿这条公路，第4集团军的部队正完成一个痛苦的撤退；第2近卫骑兵军的哥萨克人在杜瓦特少将的指挥下对他们紧追不舍。这位马背上的将军总骑马亲临前线，督促他的部队攻击正在撤退的德国人。甚至德军最后的装甲部队渡过鲁扎河时，杜瓦特仍猛攻不止，鲁扎河冰封的河面为西岸的第252步兵师的机枪手提供了一个清晰的射击视野。12月19日早上，杜瓦特派他的先头部队不骑马横渡鲁扎河。德军枪炮手粉碎了这次进攻并把残余的哥萨克兵压制在冰面上。决心率领这些幸存者逃生，这名将军把马的缰绳交给侍从，扳开左轮枪的击铁，勇敢无畏地冲向河东岸。当他踏上冰面时，一挺机枪在对岸开火，杜瓦特栽倒在雪堆上。好几名副手冲向他身边，他们也被射倒了。哥萨克兵拉着他们将军的尸体后退。至少在这一刻，德军防线的中部坚守住了。

在这个集团军群遥远的左翼，阿道夫·施特劳斯第9集团军防区，面临一个更可怕的前景。施特劳斯害怕的是，苏军已于12月16日占领了加里宁，并在接下来的几天步步施加压力，已经决定攻下勒热夫并从那里攻打维亚济马。连同禁止撤退的命令，希特勒坚持要求第4集团军必须坚守勒热夫东北30英里的斯塔里萨的防线。施特劳斯在指挥所犹豫不决，他意识到坚守斯塔里萨防线是一个专断的命令，而且这个防线没有天然的障碍物。同古德里安一样，施特劳斯想撤退到他的士兵10月坚守的防线——穿过勒热夫，在伏尔加河后方。但是当他于12月21日飞往斯摩棱斯克向中央集团军群新司令克卢格恳求时，他碰壁了。克卢格向施特劳斯保证，他的集团军处于一个非常好的位置，并派他返回前线去执行元首的命令。

这对第9集团军群的士兵来说是一个惨淡的圣诞节。来自家乡的节日包裹和大批冬季服装直到圣诞节后才送达斯塔里萨的火车站，而且在分发这些珍贵的物品之前，苏军突击队冲进来，放火烧了仓库。抢救出来的全部东西就是一船的瑞士奶酪，饥饿难耐的德国士兵用刺刀瓜分这些奶酪并且没有举行庆祝仪式就狼吞虎咽地吃掉了。到圣诞夜，希特勒命令施特劳斯坚守的防线已

当部队在莫斯科和列宁格勒附近撤退时，希特勒命令冯·曼施坦因在克里米亚的第11集团军猛攻塞瓦斯托波尔。这次于12月17日发起的进攻遇到了顽强的抵抗并且在苏军在刻赤半岛附近登陆后中止了。在激烈的战斗中，德国人在半岛上遏制住了苏联人。受苏军战果的鼓舞，斯大林于1月初发动一次全面攻势。尽管中央集团军群仍然是苏军的主要目标，但是红军在德军防线的其他地方打开了新的缺口。在伊尔门湖北面，突击部队突破了第8集团军防线并赶在陷入雪地之前向被包围的列宁格勒前进。湖的南面，攻击部队在迭米扬斯克一个大规模的口袋里包围了第16集团军大部，并且在霍耳姆还有一个较小规模的包围圈。与此同时，南方集团军群在伊久姆周围对一次突破做出了反应并在2月初遏制住了这次威胁。

突破全部防线

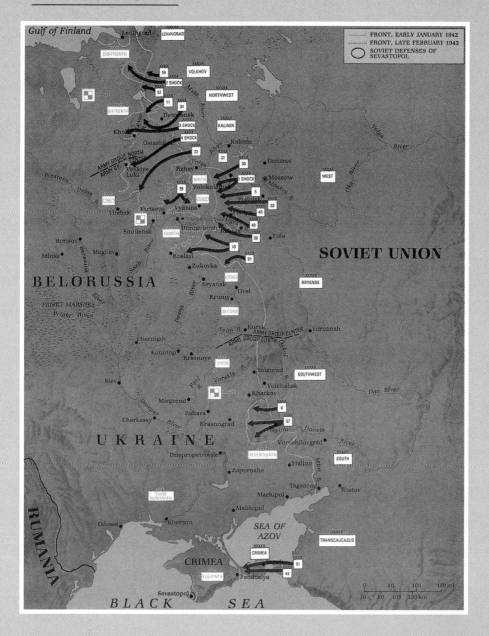

经被撕成碎片。防线各处，德军部队采用环形筑垒阵地守卫村庄——准备抵御来自各个方向的进攻——敌人夹击他们的侧翼并威胁到他们的后方。在寒冷中孤独地战斗开始影响德军的士气。施特劳斯的一名下属报告，他的师已经减员到一个团而且被滑雪部队包围了。"士兵们因疲劳掉队，"他描述道，"他们突然倒在雪地里，筋疲力尽而死去。他们希望彻底的自杀。年轻的士兵转向他们的军官，向他们叫喊：'你们为什么不干脆杀死我们？现在谁杀死我们是没有什么区别的。'"

当新年到来时，甚至克卢格也劝告希特勒重新考虑中央集团军群受到的威胁，并且允许一次大规模的撤退。可是，第3、第4装甲集群仍然坚守公路北部的防线——希特勒提升它们为装甲集团军的级别，虽然它们最近几个星期已经减员到大约军团规模。然而在公路南部，第4集团军的后方，圣诞节突破契尔纳的苏军正向距离维亚济马不到50英里的尤赫诺夫和苏希尼契的补给仓库进发。德军行政人员和加强营匆忙在这两个镇修筑堡垒，做好迎接残酷战斗的准备。在北部希特勒把很大赌注压在斯塔里萨防线的防守上，现在进攻者即将取得一次重大突破。元首所承担作战指挥的"小事情"在那天变得越来越痛苦。中央集团军群进退两难只是困扰希特勒的问题之一：在入侵前线最南部的黑海海岸，另一个德国集团军被困在一个大锅里。

克里米亚德军面临的危机产生于莫斯科周围的反攻

开始后德国和苏联最高统帅部各自迅速制定的决策。尽管他们部队在那里和列宁格勒周围处于防守态势，希特勒还是命令南方集团集群为了第三帝国必须重新掌握主动权，而且当天气条件许可，重新占领罗斯托夫和顿涅茨盆地。集团军群还要攻占塞瓦斯托波尔，塞瓦斯托波尔是苏联海军黑海舰队的主要基地，而且是克里米亚苏军控制的唯一部分。攻占塞瓦斯托波尔的任务落到了埃里希·冯·曼施坦因第 11 集团军的头上，他们不得不在攻打这个坚固设防的港口的同时还要保卫东部脆弱的刻赤半岛——一块伸入海中的狭长陆地，一条海峡将它与苏联控制的高加索分开，海峡一些地方不超过两英里宽。曼施坦因意识到塞瓦斯托波尔无法靠折中的办法攻陷，他集中了他七个师中的六个发动进攻，留下第 46 步兵师——10000 名士兵——和许多劣等的罗马尼亚旅守卫半岛。

曼施坦因不知道的是，苏军正秘密策划一个他们自己的计划——组织超过 4 万人发起一次对刻赤半岛的两栖攻击。莫斯科命令 12 月 7 日发起进攻，但是准备花了两个多星期时间。在苏军行动前，曼施坦因的部队开始攻打塞瓦斯托波尔。在一阵地动山摇的炮火掩护下，德军于 12 月 17 日攻破了这个港口的外围堡垒圈。再往前，又是两条环城防线和具有战略意义的塞瓦斯托波尔湾海港。

德军的主要进攻方向位于塞瓦斯托波尔北部，在那里曼施坦因希望猛攻到海湾并将第 54 军的重炮拉到足够近的距离阻止苏联海军逃离这个被包围的港口城市。但是即使得到德国空军的强大支援——对比阻碍飞行员和地勤人员向更北飞行的可怕天气条件，这里的天气开始变得温和，空中作战效果明显——部队还是在穿过丘陵地带时进展异常缓慢。当攻击各营攻打防御者用土和木材搭建的牢固战壕时，他们不得不付出巨大的代价消灭苏联人。经过极度紧张的五天后，第 22 步兵师——曼施坦因在塞瓦斯托波尔北部的先头部队——已经攻破了第二道防线并正在攻打第三条防线，海港已经在视野范围内。然而在离岸战舰的炮火和塞瓦斯托波尔大规模海岸炮火的支援下，苏联的增援部队开始反击，并阻止住了德军的攻势。

12 月 26 日的争夺仍然很激烈，这时曼施坦因得知苏军正在刻赤半岛登陆。像过去一样敢作敢为，曼施坦因拒绝放弃对塞瓦斯托波尔的进攻，下令北部的前线部队加倍努力打到海湾。第 22 师的第 16 步兵团最终突破了斯大林要塞——塞瓦斯托波尔内层环形防线一处地势很高的阵地，能够看到港口的全景。然而，此后进攻步伐缓慢下来。曼施坦因的先头部队力量耗尽，无力实施突破，而半岛恶化的局势迫使他没有选择只能向东派出增援部队。

援军抵达前，刻赤半岛一直由汉斯·冯·斯波纳克中将指挥的第 46 步兵师守卫。斯波纳克中将是一名普

一个苏联平民在他们儿子的尸体旁安慰他的妻子，他们的儿子是在德军从东克里米亚撤退前枪杀的许多游击队员之一。

鲁士伯爵，因在荷兰指挥空降部队而获得铁十字骑士勋章。首先，斯波纳克部队证明他们非常能胜任这项任务。即将到来的苏军缺乏合适的登陆船和海军支持，他们蹚过齐脖深的寒冷刺骨的海水上岸，既没有带火炮也没有带车辆。他们第一个滩头阵地，刻赤港口附近，既狭窄兵力又分散，德军很轻松地把他们包围起来。

但是，12月28日晚些时候，一个不祥的新威胁产生了。这天晚上，5000名苏军在黑海费奥多西亚港登陆，这个港口位于刻赤半岛的西端，那里只有一个德军第46工兵营在守卫。斯波纳克采取行动控制了滩头阵地，但是他收到一个错误的报告，说费奥多西亚北部亚速海边还有一个登陆，他判断第46师将会迅速在半岛上被包围起来。他下令立刻撤到克里米亚大陆上。当曼施坦因听说这个命令，就试图取消它，但是他已经同斯波纳克的总部失去了无线电联系，撤退仍在继续。寒冷的空气使克里米亚北部的气温急剧下降，第46师的士兵们向西艰难跋涉，那一幕极像德军最近在莫斯科和列宁格勒城外所蒙受的耻辱——幽灵般的身影在暴风雪中蹒跚行走，脸颊因冻伤而变得苍白，冻僵的尸体同陷入泥潭的卡车和运炮马车以及骨瘦如柴的军马的尸体一起被抛弃在路边。

苏军在费奥多西亚的迅速行动可能切断第46师的撤退途径并且会威胁到曼施坦因的整个战线，但是苏军

从1941年11月到1942年4月期间在苏联前线服役至少14天的战士获得这枚奖章，上面刻着"东线冬季战斗"。

指挥官们没有显示丝毫的主动性。12 月 30 日晚，第 46
工兵营仍然坚守费奥多西亚。该营指挥官根本不考虑撤
退，一晚上他努力劝说已经与德军会合的一个罗马尼亚
骑兵旅加入他们发起一次反击。当罗马尼亚指挥官最终
拒绝时，工兵们单独顶着暴风雪发起了反攻，却遇到了
一次猛烈的突袭——苏联坦克，刚从停靠在海港的船上
卸下来。德国人用仅有的几门 37 毫米反坦克炮瞄准，
但是冰雪冻住了炮栓，无法开火。受到猛烈进攻的激励，
苏军把他们的对手从费奥多西亚赶了出去，而且向北推
进了好几英里，但他们没能抵达亚速海，12 月 31 日，
第 46 营形容枯槁的士兵从这个空隙穿了过去。

　接下来的几天，极度的痛苦折磨着曼施坦因。他就
在半岛西部成功地阻止了士气低落的第 46 师并在塞瓦
斯托波尔援兵的帮助下建立起一条防线。然而，整个刻
赤半岛已经成为一个苏军的前进基地，曼施坦因为他们
的集团军感到恐惧。1 月 4 日，一个新的威胁在叶夫帕
托里亚突然出现，这是位于塞瓦斯托波尔以北 40 英里
的一个黑海港口。苏军大批部队登陆，在准军事部队和
该城的游击队的帮助下，建立了一个相当规模的桥头堡。
但是，曼施坦因迅速派出的一个步兵团到达登陆地点，
并经过三天的艰苦战斗将苏军击退。曼施坦因乘胜追击
将苏军从费奥多西亚驱赶出去，但是他的集团军没有能
力再次夺回刻赤半岛。当双方重整军队时，令人心悸的
平静出现在克里米亚，双方警惕地透过刻赤防线和塞瓦

斯托波尔弹痕斑斑的环形防线相互监视。

刻赤半岛的丢失令希特勒勃然大怒。他一直期望他的克里米亚集团军取得一次巨大的成功，能够再上演一次苏军的大崩溃。他找到斯波纳克作为替罪羊，他未经同意的撤退完全违反了元首禁止撤退的命令。斯波纳克认为他的首要责任是把他的士兵从他认为无法防守的阵地中解救出来——一种符合严格而绅士的普鲁士军事传统的观点，这种观点为希特勒所憎恶。元首坚持认为他的指挥官们应当丢弃所有的顾忌并视东线的战争为一场战斗到死的战争。因此，他命人将斯波纳克从前线召回，由戈林元帅领导的一个特别法庭对他进行军事审判。这个法庭剥夺了斯波纳克的军衔和勋章并判处他死刑。在曼施坦因的要求下，希特勒取消了处决，后来减刑为 7 年监禁。但是信息是明白无误的：如果不想活命的话，那么那些甘用名誉冒险蔑视元首宽恕手下士兵的指挥官们就仿效吧。

当希特勒在新的一年忙于指控时，斯大林为今后几个月的军事目标设立了一个长长的单子。这位苏联领导人现在充满信心，甚至有点不顾后果地想急剧扩大战争规模并在全线击退德军。1 月 5 日，当着他几个高级助手的面，包括朱可夫将军，他提出这个建议。像一名骑兵一样，朱可夫当面反对这个建议，雄辩地提出所有能够使用的预备队都应当集中打击中央集团军群，这是德军防线链条中最薄弱的环节。受克里姆林宫内这种罕见的独立思考表现的鼓舞，斯大林时期的战争生产部长尼克拉·沃伦尼森斯基支持朱可夫，指出一场全面的进攻也许会迅速耗尽国家有限的武器和弹药储备。自从 6 月开始，许多德军进军路线上的苏联军工厂已经迁到苏联中部或东部；所有工厂已经被拆卸、运输和重新组装。国家的军工厂将花时间重新建立他们的基础。但是，斯大林听不进这样的反对意见。他终止了这次争论，提出了一个不容任何反对的指令：沿已向前推进的战线的每一个薄弱点上，他坚持认为："我们必须把德国人击成碎片，这样他们在今年春季就发动不了一次攻势。"

　　苏联这次进攻将检验红军的战术技巧和物资储备的最大限度。尽管涌现了一批新一代前途广大的战地指挥官——同朱可夫一样，他们中绝大多数人都是 40 岁刚出头——但是苏联军官团体仍然刚从 30 年代后期毁灭性的大清洗中恢复元气。许多指挥官缺乏经验和害怕失败，这妨碍了他们的积极主动性。更为严重的是，战争开始的几个月已经使红军习惯于防御性思维。除了突击部队连续猛烈攻击中央集团军群外，苏军军官和战士对进攻作战知之甚少，以致当需要集中兵力于敌人防线的薄弱环节和果断地在"一个单一方向"实施突破时，一般的参谋不得不费力地研究这样的基本知识。

　　他们在战术方面所缺乏的东西，苏联人用数量和决心加以弥补。当斯大林的进攻展开时，他们向北方集团军群和南方集团军群施加了巨大的压力，这种压力让在中部战线的德军忍受了一个多月。在北方，苏军于1月7日进攻伊尔门湖的一侧。上方的攻势直指被围困的列宁格勒，下方的攻势指向北方集团军群薄弱的右翼，它的防线因中央集团军群左翼受到的打击已经逐渐削弱。伊尔门湖北部的一次突破——一个4英里宽的单楔形突破口——迅速丧失了凝聚力，此时突击部队在荒芜的雪地上呈扇形展开并且由于缺乏补给和协调而迟滞不前。湖的南部，攻击者不止在一处突破了敌人的防线并有效调动包围了德军。

到1月12日，冯·李布元帅一直关注他集团军群右翼，向希特勒要求批准他向南穿过霍耳姆城撤退到洛瓦特河。可以料到，希特勒拒绝了这个请求，于是李布要求解除他的指挥权。元首同意了，任命第18集团军司令格奥尔格·冯·库希勒中将接替李布。在未来的几个星期，库希勒没有选择，只有当苏军包围他的前线部队时，在伊尔门湖南部采取一个环形阵地防御，在迭米扬斯克周围建立一个主要的德军抵抗环形防线，在霍耳姆建立一个较小的。

在南方，苏军在伊久姆城的一侧蜂拥渡过顿涅茨河并在德军第7集团军薄弱的防线上打出一个巨大的缺口。这次突破是对冯·鲍克元帅的一次粗鲁欢迎，鲍克前期因病离职，1月18日重返前线填补冯·赖希瑙元帅因严重负伤而留下的空缺。鲍克急于最大限度利用第二次机会——希特勒恢复他显赫的位置目的是减少公众

霍耳姆不屈不挠的防守者们

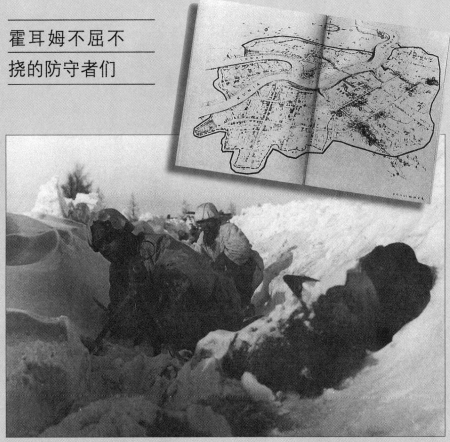

德国人在霍耳姆接近一个苏联人尸体。上图，理查德·穆克的地图勾画出德军被孤立地区的轮廓。

1941—1942年冬季苏联大规模的反攻在严阵以待的抵抗包围圈里孤立了10万人之多的德军。一个德军分遣队驻防霍耳姆，霍耳姆是位于前线北部战区洛瓦特河与库尼亚河交汇处的一个战略重镇。霍耳姆5000名防守者被三个师的苏军所包围，大约是他们人数的5倍。

德军防守的指挥权交给了西奥多·舍雷尔准将。舍雷尔作战集群是一个后方梯队的大杂烩——补给部队、军事警察、空军和海军人员以及来自三个步兵师的士兵，他们当中一些人刚到达东线。他的士兵只有少量迫击炮和反坦克炮；他们既没有坦克也没有重炮。为了阻止苏联人的进攻，防守者依靠空中支援和无线电指引环形防御圈外6英里的德军火炮射击。

尽管实力悬殊，但是霍耳姆的驻军注意到阿道夫·希特勒进行"坚决抵抗"的命令。经过三个月残酷无休止的战斗，他们守住了，而且当一支德军解救部队最终于5月5日突破进来时，它受到1200名形容枯槁幸存者的欢迎。这次不屈不挠的防守已经被一名德军记者理查德·穆克记录下来。他拍的照片，在这里和后面几页展示，登在一本书里，这为大后方提供了振奋人心的宣传。

一名士兵冒着炮火穿过霍耳姆被战火摧毁的街道（上左）。"苏联人每一步都要用鲜血来换。"记者穆克报道。"一座布尔什维克者的尸体山"倒在德军机枪和左边37毫米反坦克炮下。

霍耳姆的驻军靠一条珍贵的空中补给线来支撑。装有食物、弹药和医药补给的罐子被空投到枪弹打不到的刚好位于德军防线外的空投区（上）。尽管许多罐子落到苏联人手里，但是面包、罐头肉和雪茄鼓舞着防守者。

对最近几个星期以来如此众多的著名德国将领突然离职的关注。鲍克利用时间在伊久姆周围组织了一次反击，可是，到 1 月 25 日，进攻者已经形成了一个 50 英里宽几乎也同样深的楔形攻势。但是再一次，苏军丢失了更深入插入德国控制领土的时机，在接近月底天气日益恶劣的情况下维持供给线非常困难，这在某种程度上阻碍了苏军的进攻。他们还受到孤军深入不利条件的影响，这可以令鲍克放开手脚集中强大的兵力经过灵巧的重新组合包围这个突出部。可怕的配合不当产生了。1 月的最后一天，以暴风雪速度向东南行进的苏军骑兵部队把支援坦克远远抛在后面，遭遇上了冯·克莱斯特第一装甲集团军的装甲部队，坦克炮手们转动炮塔对准不幸的骑兵并消灭了他们。

被苏军愿意漫无目标地消耗他们资源的做法所困扰，哈尔德评论斯大林的强大攻势似乎"正退化成一场喧闹"。的确，苏联人推进得越远，他们的攻击就越艰难，他们取得的胜利也就越少。这场战役正呈现一种新的局面，没有其他地方的结局改变比莫斯科西部重兵屯集的战场更大，在那里中央集团军群为了他们的生命一直在坚守。

苏军全面进攻的开始阶段基本上改变了中央集团军群的局势。到 1 月的第 2 个星期，苏军目标已经不再限于消灭维亚济马的德军。这次作战仍将继续下去，但是将随之建立一个直指斯摩棱斯克的外部包围圈——斯摩

棱斯克位于维亚济马以西 85 英里——这个包围圈是用
来围困内层包围圈建立起来前逃出的德军部队。这个雄
心勃勃的计划反映了斯大林日益增长的乐观情绪以及他
准备忽视红军的缺陷。为了到达斯摩棱斯克，苏军将不
得不从出发地点行进将近 200 英里，同时要保持协调一
致和维护他们脆弱的补给线。这最多是一次获胜可能性
非常微小的赌注，这将转移内层包围圈的宝贵资源，而
这个包围圈没有任何办法可以确保。

当斯大林追求一个彻底的胜利时，希特勒慢慢认识
到中央集团军群所面临的现实并允许它有些空间进行调
动，即使这意味着被迫放弃一些地方，退却是很不情愿
的。直到 1 月 8 日，希特勒还毫不犹豫地撤掉了霍普纳，
因为这位司令官批准一个军撤退，这个军的侧翼已经被
进攻莫斯科到维亚济马公路南部的敌军包抄。这种攻击
同苏军在北部勒热夫附近和南部苏希尼契与尤赫诺夫之
间打开的巨大突破口相比还是小事情。自从年底放弃斯
塔里萨防线以来，德军一直害怕勒热夫被突破。现在苏
军正向公路北部疲惫的第 9 集团军和损失惨重孤立的第
3 和第 4 装甲集团军发动楔形攻势。在南方，苏军在第
4 集团军和第 2 装甲集团军之间打开一个同样危险的缺
口。希特勒也许尽了最大努力，但是他不能否认他的部
队正在被分割，如果他们仍然不动，那么将会很快被消
灭。1 月 15 日，他采取了他过去一个月极力反对的措
施——战术撤退到柯尼斯堡防线。

霍耳姆被解围后，长满胡子的舍雷尔将军给他的一名士兵——一个一战老兵——授予铁十字勋章（左）。舍雷尔，在围困期间负伤，因为指挥这次防御获得骑士十字勋章。

按照希特勒的命令，一个叫作"霍耳姆盾牌"的特殊徽章（下）颁发给霍耳姆的幸存防守者。归功于他们的忍耐，德国人又坚守了霍耳姆两年。

对现实来说这是一个来得太晚的让步。在一些地方，德军已经撤退到这道防线的后面。这道命令并没有消除被包围的危险：柯尼斯堡防线穿过维亚济马以东35英里格兹哈特斯克附近的主公路。希特勒的让步还给予战地指挥官急需的灵活性。现在，当集团军群收缩时，可以抽调部队进行有选择的反击以堵住北部和南部危险的缺口。

为了在北部执行这个严峻的任务，克卢格做出了一个令人鼓舞的任命：他任命第51装甲军司令瓦尔特·莫德尔将军代替作战不力的施特劳斯将军为第9集团军司令。从外表上看，莫德尔是一个典型的普鲁士将军——戴着单片眼镜，神情呆板——但是在作战中他是一个不知疲倦的精力旺盛的人，他乘侦察机视察前线并在危险地方着陆模仿古德里安和隆美尔的样子重整他的部队。同希特勒进行一个简短的会晤后，1月18日，莫德尔抵达维亚济马第9集团军总部，通知他的参谋他将立刻行动堵住勒热夫的缺口，并"用一个勒颈动作"控制住苏联人。他的军官们目瞪口呆地盯着他，直到其中一个人鼓起勇气问道："什么，将军先生，你要带我们参加作战吗？"莫德尔平静地答道："我亲自。"然后爆发出一阵爽朗的大笑，连寒冷的参谋房屋里结的冰都被震掉了。

莫德尔同他说的话一样出色。他集合了集团军所能抽调的所有力量，将配备重型和轻型高射炮分队的第6

军部署在缺口的西侧，第 23 军在东侧。1 月 2 日，第 1
装甲师，现在由于没有坦克而作为步兵使用，首先从锡
切夫卡镇向北边的勒热夫发起进攻。莫德尔的部队在空
军战斗机和自行突击火炮的掩护下于 1 月 22 日攻击这
个突破口。情况确实被莫德尔制住了，惊慌失措的苏军
四散逃窜或拥挤在一起。不到 36 个小时，会合的德军
先头部队传来消息，已经恢复了维亚济马上方第 9 集团
军的战线。

　　但是，维亚济马下方的形势仍然很危险。第 4 集团
军经过艰苦作战占领了南部敌人的突出部。但是 1 月
26 日，P.A. 别洛夫少将指挥的一个苏联骑兵军突破了
尤赫诺夫附近的德军屏障并且向北边维亚济马方向汹涌
攻击。别洛夫的部队不是唯一逼近的威胁。步兵部队正
从东边发动同样的攻击，而且在最近几天成千上万的苏
联准军事部队已经到达主公路的南边并且威胁到德军的
生命线，如果来自东南的苏联部队和物资继续源源不断
地到来，德军似乎注定要灭亡了。但是在这个月底，在
一次同莫德尔反击一样的机动作战中，第 4 装甲集团军
从格兹哈特斯克向南发起攻击并同尤赫诺夫上方的第 4
集团军会合，支撑住了公路下方集团军群的防线并为防
守经过维亚济马公路的德军赢得了喘息时间，他们需要
休整来确保这条干线。

　　朱可夫只能悲叹斯大林扩大这次战役的决定。朱可
夫最精锐的部队之一——第一突击集团军——已经调往

延缓歼灭

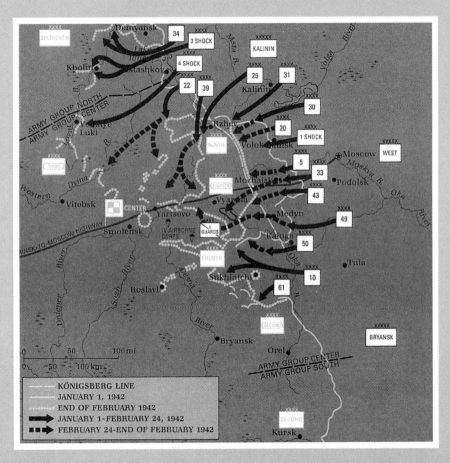

1942年初，苏军试图歼灭中央集团军群的最致命的攻势是在维亚济马主公路合拢的钳形攻势。苏联部队在勒热夫附近突破第9集团军的防线，以及在苏希尼契周围的大规模渗透从南面威胁维亚济马。到1月14日，中央集团军群的阵地已经变得非常不稳定，以致希特勒命令撤退到大约10月部队所处的防线（破折线）。许多部队在这次调整后仍然被包围，但是这次行动缩短了防线，可以使部队发起反击堵住德军防线上最危险的缺口。同时，另一个苏联攻击波从北面呈一个宽广的弧形向德军控制的斯摩棱斯克横扫过来。但是在攻击者达到目标之前，这中间巨大的距离要让他们花很多时间。到2月中旬，德国人牢牢地控制了一条扭曲的防线（点线），第9集团军突出，使苏军不能靠近。

北方迭米扬斯克附近，这个决定促使他打电话给斯大林并提出抱怨，斯大林却挂断了他的电话。拥有更多的部队和补给，朱可夫也许能很顺利地关闭维亚济马的包围圈。事实上，朱可夫最有攻击力的部队正付出惨重的代价，此时德军关闭了他们后面的大门。只吃了一顿像样的饭，一名苏军中校写道，他的战士们"将会眼皮也不眨冲进枪林弹雨中，但是他们太饿了，他们正失去力量"。

让朱可夫更感挫折的是，应当在斯摩棱斯克消灭中央集团军群的外围包围圈只在一个侧翼很好地建立起来。这个计划要求朱可夫左面的布良斯克方面军推进到奥廖尔，然后转向西北方向的斯摩棱斯克。但是，布良斯克方面军非常脆弱而且缺乏补给，阻击它的德军——这些就是古德里安12月坚决后撤的部队——已经从休整中得到恢复并且正牢固地坚守阵地。结果，精心计划的双包围圈只有北部的一个单翼——尽管非常令人生畏。攻入伊尔门湖以南北方集团军群和中央集团军群之间敞开大口的空隙，苏军的大批部队于1月晚些时候绕过莫德尔第9集团军的侧翼，并在面对严峻的形势和逐渐减少的补给最终失败前向斯摩棱斯克发动了猛攻。

这个包围战让第9集团军面对东、西和北面的苏军。正如莫德尔的一名军官所说，这是"这个集团军坚守过的最奇特的前线"。被实实在在的红军海洋所围绕，第9集团军顽强地坚守一个从勒热夫向南伸展到格兹哈特斯克的半岛。由第4集团军支援的第4装甲集团军防守从格兹哈特斯克到维亚济马的狭窄通道——它将第9集团军半岛同德国控制地区主要部分连接起来。这能够使总部将第3装甲集团军从环形防御阵地撤出并沿斯摩棱斯克北部的公路部署以阻止苏军先头部队从北方的进攻。

这是最不稳定的战线。协同作战的对手可以在两个星期的时间里粉碎它。但是苏联人同德国人一样，已是强弩之末——前进最远的部队也最接近崩溃。在莫斯科西部为一小块土地展开的残酷争夺一直持续到4月份，但是，正如哈尔德认为的那样，这些不是战争而是打闹。中央集团军群已经度过了这场暴风雪。

当春天冰雪沿前线融化并使双方阵地变成泥淖时，德国人视作幸事并尽他们所能解救已经坚守数月的孤立的前沿部队。这些孤立无援坚守部队中规模最大的一支在伊尔门湖以南的迭米扬斯克，大约有10万名士兵被切断了退路。2月22日，希特勒指定迭米扬斯克为一个要塞，拒绝考虑任何投降或者突围的想法。坚守这个要塞到春天是至关重要的，一旦周围的沼泽地融化，在那里会聚的公路将是进攻作战必不可少的。为了援助这些防守者，德国空军进行了一次大规模的空运，在各种天气条件下每天有100架运输机飞到迭米扬斯克。在两个月的时间里，运进了6万多吨货物并运出了35000名伤员或失去战斗力的部队。尽管有空运，但是要塞内部的条件随着时间的推移也变得越来越糟糕。当憔悴的士兵依靠部队生病的马肉维持生命时，苏联平民等在野战厨房的外面捡内脏和骨头。直到 4 月下旬，一支德军救援纵队才从西面跋涉过泥泞打开一条通往迭米扬斯克的走廊。

4 月 26 日，迭米扬斯克被解救前的几天，希特勒在国会前宣布德国国防军已经度过了在苏联可怕的磨炼并准备再次向前进攻。"一场世界大战已经在冬季期间决定了，"他坚持认为，对比他自己的坚持和 1812 年拿破仑从莫斯科的撤退："我们已经掌握 130 年前断送了另一个人的命运。"但是在同一个演说里，元首间接地承认闪电战的时期结束了，并且这场战争将持续一段时间。他向议员们保证"无论冬天我们在哪里"，部队都将为下一个冬季做好准备。

这些都是有节制的语言，因为希特勒掌握命运和统治东方的希望一直建立在东线德军将取得像西线一样的迅速和压倒性胜利的假设上。然而，第三帝国却要面对一个还未准备好的长期消耗战争。来自东线的伤亡人数令人吃惊：6 月以来，100 多万德军士兵阵亡、受伤或失踪，还有 50 万人死于疾病或冻伤。德国在苏联的陆军现在估计降到 62.5 万人，三个集团军群同时发起任何攻势都是不可能的。希特勒饱受代价高昂的冬季战役的精神折磨，几天后变得非常明显，他缩短了他在巴伐利亚阿尔卑斯山里的休养地——元首山庄的行程。至于原因，他简单地解释他不能忍受看到雪景。

1942 年冬末，一架载满物资的容克斯 52 型战斗飞机在被围困的迭米扬斯克要塞着陆。这次成功的空运——空运幸存者获得上图所示的"迭米扬斯克盾牌"——

导致希特勒相信德国
空军能够支援整个陆
军，如果陆军被切断
的话——这个想法将
在不到一年的时间在
斯大林格勒被证明是
错误的。

"最艰难的
时光开始了"

　　撤退对这一代德国士兵来说是相当陌生的。但是现在冬季，一个毫不留情的敌人，严酷折磨着德军战斗群。没有掩护的德国人，不管得到或没得到希特勒的批准，开始向后转。结果是混乱和大屠杀。"装甲部队最艰难的时光开始了。"一名高级指挥官写道。轮式交通工具拥挤在仅有的几条开放公路上。从6月开始作战从没得到休整的作战集群排成忧郁的纵队（右）或是毫无目的地成群结队从来之不易的土地上折返回去。他们遭受了巨大的痛苦：冰雪将护目镜凝固在脸上并把裸露的手指粘在金属扳机上。汤在士兵舀取到嘴里前就冻住了，要用一把斧子才能切开面包。一旦一名士兵倒下，他就永远站不起来了。

　　希特勒坚持，他的部队应当"用他们的指甲在地上掘壕"。这个命令听上去是极其愚蠢的，并且他撤掉了对此提出质疑的35名将军的职务。但是他顽固的坚守决心也有一些益处。针刺般的北极风和厚雪也阻碍了苏军，即使他们准备得更好。不像历史上拿破仑·波拿巴撤退到巴黎，德军的撤退远远不同于一支被打败的部队向大后方艰苦跋涉。德军只是撤到苏联境内可供防御的战线，一些地方距离莫斯科不到100英里。德国军团在那里等候，他们名声扫地但是骨架大部分完好无损，准备当春天最终来临时再次发起进攻。

　　1942年12月6日，在暴风雪中，德军步兵沿着一条道路结冻的车辙蹒跚行进，撤离莫斯科——两天后希特勒正式取消了对莫斯科的攻击。

　　三名德国士兵躺在地上死了，他们带着掠夺的东西逃离一个废弃的农屋时被击中——包括一个苏联式茶炉，左边的士兵很可能想用它做一个火炉。在作战地区几乎没有房屋能从双方军队都实行的焦土政策中保留下来。

德国士兵举起手投降，成为冬季结束前
1118000名阵亡、负伤或被俘德国人中的一员。

（左页图）被俘的德国士兵筋疲力尽
地挤在一条共用的毯子下。这样的战俘被
送往乌拉尔的劳动营，在那里他们中绝大
多数死于饥饿、暴露在外和劳累过度。

　　通向旧鲁萨的道路，旧鲁萨是列宁格勒城南面一个德军补给兵站和战术据点，经过德国人在土地封冻前挖掘的坟墓。右边的尸体必须等到春天冰雪融化时才能被埋葬。

图书在版编目 (CIP) 数据

巴巴罗萨 / 美国时代生活编辑部编；孙逊译 . ——
修订本 . —— 海口：海南出版社, 2015.1（2022.7 重印）
（第三帝国）
书名原文：The third reich:Barbarossa
ISBN 978-7-5443-5793-7

Ⅰ . ①巴… Ⅱ . ①美… ②孙… Ⅲ . ①德国对苏联突
然袭击（1941）– 史料 Ⅳ . ① E512.9

中国版本图书馆 CIP 数据核字 (2014) 第 271551 号

第三帝国：巴巴罗萨（修订本）
DISAN DIGUO: BABA LUOSA (XIUDING BEN)

作　　者：美国时代生活编辑部
译　　者：孙　逊
选题策划：李继勇
责任编辑：张　雪
责任印制：杨　程
印刷装订：北京兰星球彩色印刷有限公司
读者服务：唐雪飞
出版发行：海南出版社
总社地址：海口市金盘开发区建设三横路 2 号
邮　　编：570216
北京地址：北京市朝阳区黄厂路 3 号院 7 号楼 102 室
电　　话：0898-66812392　010-87336670
电子邮箱：hnbook@263.net
经　　销：全国新华书店经销
版　　次：2015 年 1 月第 1 版
印　　次：2022 年 7 月第 2 次印刷
开　　本：787 mm×1092 mm　　1/16
印　　张：15
字　　数：180 千
书　　号：ISBN 978-7-5443-5793-7
定　　价：45.00 元